AF610410

Compre este libro en línea visitando www.trafford.com/08-0772
o por correo electrónico escribiendo a orders@trafford.com

La gran mayoría de los títulos de Trafford Publishing también están disponibles en las principales tiendas de libros en línea.

Editado por María Cabral
Diseño de portada por F. Javier Navarro S. "Licos"
Gonzalo Cervantes de Pronto Signs of Oregón.

Aviso a Bibliotecarios: La catalogación bibliográfica de este libro se encuentra en la base de datos de la Biblioteca y Archivos del Canadá. Estos datos se pueden obtener a través de la siguiente página web: www.collectionscanada.ca/amicus/index-e.html

ISBN: 978-1-4251-8092-8

En Trafford Publishing creemos en la responsabilidad que todos, tanto individuos como empresas, tenemos al tomar decisiones cabales cuando estas tienen impactos sociales y ecológicos. Usted, en su posición de lector y autor, apoya estas iniciativas de responsabilidad social y ecológica cada vez que compra un libro impreso por Trafford Publishing o cada vez que publica mediante nuestros servicios de publicación. Para conocer más acerca de cómo usted contribuye a estas iniciativas, por favor visite:http://www.trafford.com/publicacionresponsable.html

Nuestra misión es ofrecer eficientemente el mejor y más exhaustivo servicio de publicación de libros en el mundo, facilitando el éxito de cada autor. Para conocer más acerca de cómo publicar su libro a su manera y hacerlo disponible alrededor del mundo, visítenos en la dirección www.trafford.com/4501

www.trafford.com/4501

Para Norteamérica y el mundo entero
llamadas sin cargo: 1 888 232 4444 (USA & Canadá)
teléfono: 250 383 6864 • fax: 250 383 6804
correo electrónico: info@trafford.com

Para el Reino Unido & Europa
teléfono: +44 (0)1865 487 395 • tarifa local: 0845 230 9601
facsímile: +44 (0)1865 481 507 • correo electronico: info.uk@trafford.com

10 9 8 7 6 5 4 3 2 1

MI VIDA POR UN DOLAR

(Crónicas de un inmigrante)

Introducción.

En la historia de la vida los grandes eventos han quedado registrados en libros; guerras, bombas, terremotos, huracanes, descubrimientos arqueológicos, un gran general que estuvo a punto de conquistar al mundo, la muerte de millones de judíos bajo un régimen, la muerte de miles y miles de cristianos inocentes bajo la supuesta "santa inquisición", secuestros a políticos y a artistas, todo ha quedado registrado en libros. Pareciera que sólo lo más importante de lo que ha sucedido en la vida, ha quedado y se quedará en un libro. Entonces ¿Por qué no se ha escrito mucho en cuanto a la vida los más de doce millones de inmigrantes que hay en los >>Estados Unidos de Norte América<<? ¿Tal vez no sea importante para algunas personas? O tal vez otras personas no quieren reconocer que los inmigrantes son parte fundamental de este país (USA), pero la realidad es que sí lo es. Por eso es que no podía pasar de largo todo lo que se vive día con día en los Estados Unidos sin que se quedara registrado en un libro. Ahora: ¿Por qué en un libro? Para que nuestros hijos, nietos u otros parientes al leer este libro se den cuenta que para un inmigrante, principalmente hispano, no es o no fue fácil vivir en este país, y que dónde quiera que se lea este libro, ya sea desde Alaska hasta la Patagonia chilena, sepan que a principios del siglo veinte, en esta parte del Continente, por durante más de

cuatro años se han vivido persecuciones. Familias enteras se han visto separadas por el servicio de inmigración de los Estados unidos, quienes han soportado humillaciones, mal tratos y señalamientos de parte de políticos. En éste libro, el lector encontrará testimonios desgarradores de gente que ha dejado su pueblo, su familia. Todo lo han dejado con tal de ganarse unos dólares. También en éste libro se encontrarán las estadísticas de las muertes, no sólo entre las fronteras de México y E.E.U.U. sino también las muertes que ha habido entre las 90 millas que separan a Cuba con Norte América. Algunas de las leyes que hay en contra de los inmigrantes (algunas leyes han sido consideradas por la organización de los derechos humanos como inhumanas) así como los debates de los candidatos a ser el próximo presidente de este país (08') y las redadas de ICE. Las injusticias que se viven día a día y los abusos de nuestros propios paisanos en contra de los inmigrantes, y las mentiras de los mismos inmigrantes, todo… absolutamente todo, está registrado en éste libro.

(1)De Jehová es la *TIERRA* y su plenitud; El mundo, y los que en él habitan.

SALMOS: 24.1.

Conforme a la fe murieron todos éstos sin haber recibido lo prometido, sino mirándolo de lejos, y creyéndolo, y saludándolo, y confesando que eran *extranjeros y peregrinos* sobre la tierra.

Porque los que esto dicen, claramente dan a entender que buscan una *patria;*
Pues si hubiesen estado en aquella de donde salieron, ciertamente tenían *tiempo de volver.*

Pero anhelaban una mejor, esto es, *celestial;* por lo cual Dios no se avergüenza de llamarse Dios de ellos; porque les ha preparado una *ciudad.*

HEBREOS: 11. 13, 14, 15, 16.

* LA BALSA *

27 de Agosto de 1999, a las 10:40 PM.

Un grupo de jóvenes se escondía entre las sombras de los pequeños árboles y las palmeras que estaban a la orilla de un pequeño semicírculo que se formaba a la orilla del mar en el Noroeste de la pequeña Isla Cubana. Este grupo de jóvenes, cansados de la tiranía de su gobernador, decidieron arriesgarse a abandonar la Isla a pesar de que sabían que ese riesgo les podría *costar* la vida. Preferían arriesgarse a seguir viviendo bajo aquel régimen comunista, en donde nadie, sólo sus gobernantes y políticos corruptos podían tener una propiedad. Allí nadie puede decir: "esto es mío", y si por alguna razón alguien se atreve a decirlo o pensar que es dueño de algo, puede ser acusado de ladrón, pues todo, absolutamente todo, pertenece al gobierno cubano. Ya cansados y desesperados de no poder tener más allá de cincuenta centavos en la bolsa, se armaron de valor para abandonar aquella hermosa isla, la cual es opacada por los ideales retrógrados y sin sentido de su gobernante.

-Schh…schh…no hagan ruido, -pidió uno de los jóvenes- ya mero es hora de que cambien de turno.

El cambio de turno de la guardia era a las 11:00P.M. El grupo ya llevaba dos días escondidos entre la maleza que los rodeaba, esperando ese momento; habían logrado burlar los retenes que estaban desde la pequeña Habana hasta ese punto de la playa. Lo habían logrado en el mismo día en que el gobernante cubano, Fidel Castro, ofrecía uno de sus aburridos y largos discursos; los cuales eran casi una obligación que el pueblo cubano tenía que escuchar. Habiendo aprovechado esos momentos de distracción, se habían escabullido de la policía.

Se llegó la hora.

-Ya están haciendo el cambio de guardia –Susurró otro de los jóvenes.

Todos con el corazón palpitándoles a mil por hora, vieron como se alejaba la patrulla que vigilaba la zona. Entre todos cargaron una pequeña lancha, la que impulsarían con el motor de una vieja motocicleta. La noche les favorecía un poco, pues unas nubes tapaban la pálida luz de la luna. Poco a poco se fueron adentrando en la mar.

- ¡Vamos, vamos! - Exclamó uno de los jóvenes, quien al parecer era quien los lideraba.

- ¡Remen rápido! antes de que llegue la otra patrulla.

Ellos sabían que era imprescindible alejarse lo más rápido de la orilla, para que así no estuvieran a la vista de la guardia. Sabían que si la policía los capturaba en su intento de huir de la isla, serían considerados como *traidores* a la patria y por lo tanto, serían condenados a la cárcel por tratar de salir de la pobreza, miseria y de la opresión de su gobernante. Aunque el gobierno dice lo contrario, "lo que se ve y se vive no se puede negar"... ¿O sí?

-¡Lo logramos! –gritaron todos al ver como cada vez la isla se iba haciendo más y más pequeña ante la vista de ellos.

-¡Sí! Parece que lo logramos - Expresó Amir, uno de los jóvenes, al mismo tiempo que besaba y acariciaba el vientre de su novia Mirka, pues ella tenía tres meses de embarazada.

-¡Sí, mi amor! –dijo ella, correspondiéndole el beso.

Llenos de entusiasmo, de nerviosismo, de alegría, de ilusiones, de sueños y de tristeza a la vez, encendieron el motor que impulsaría a la pequeña lancha. Se fueron adentrando en la mar, aquel mar que los dividía entre los E.U. Y su pequeña habana. Solo llevaban dos galones de agua, fruta enlatada y carne seca. No podían llevar muchas provisiones, pues podrían levantar sospechas de sus intenciones si algún policía los detenía. Aparentemente el viaje no sería largo, puesto que de la Isla cubana a la parte baja de la Florida, no eran más de 90 millas.

"Sólo un pie"... "sólo un pie"... eso era todo lo tenían que hacer, poner un pie en cualquier parte de los Estados Unidos...

¿Pero lo lograrían?

¡Falla el motor!

-¿Qué pasa? – Preguntó Irma, otra de las jóvenes.

- No lo sé – Respondió Santos, el joven encargado de conducir el motor.- Tal vez sea la gasolina.

- No lo creo - Inquirió Alberto - yo le llené el tanque, se supone que esa gasolina sería suficiente para llegar.

-Intenta arrancarlo otra vez.

- No funciona –dijo Santos, después de varios intentos frustrados.

-¿Qué va a pasar ahora? –Preguntó Mirka un poco preocupada.

-No te preocupes mi amor, todo va a salir bien - expresó Amir, tratando de darle confianza a su novia.

-¡Arranca, por favor!..... ¡Arranca!

-¡Rayos! –Exclamó Santos – ¡No arranca!- y se sentó a un lado del motor cruzando las manos y hundiendo la cara entre ellas.

-¿Qué vamos hacer? –Preguntaba Irma llena de preocupación.

Nadie decía nada, pues todos se hacían las mismas preguntas: ¿Qué va a pasar? ¿Qué haremos? ¿Moriremos en el mar?

-Pues vamos a remar - Sugirió Amir.

Sacando dos pequeños remos comenzaron a avanzar muy despacio, no sabiendo que la falla del motor era el principio de sus *desgracias*.

-Lo que nos faltaba - dijo Alberto -ya comenzó a llover.

Habían escogido la peor temporada del año, pues era la época de tormentas.

-Estoy asustada- dijo Mirka, refugiándose en los brazos de Amir.

-Ten fe en Dios mi amor, todo va a salir bien.

La pequeña lancha avanzaba muy despacio en aquel inmenso mar. Solamente tenían como compañera a la luna redonda que parecía inmovible en la infinidad.

Se acercaba lo peor. La llovizna se convirtió en un torrente aguacero, seguido de un impetuoso viento. El mar comenzó a agitarse y la pequeña lancha se mecía de un lado a otro. El mar estaba furioso.

-¡Agarren el agua y la comida!

-¡Sujétense a la lancha!

La tormenta arremetió en contra de la lancha, la cual se asemejaba a una hoja de árbol siendo mecida a merced de un furioso tornado. Sin poner objeción, la lancha era sacudida violentamente por el viento y las olas. Lo único que ellos esperaban era que la lancha no se volcara. La tormenta duro toda la noche. Aun estaba oscuro, cuando el viento se fue calmando poco a poco hasta llegar a una relativa calma.

-¿Todos están bien? –Preguntó Santos.

-Sí, estoy bien.

-Yo también.

-Mi bebé y yo estamos bien.

Faltaba una respuesta.

-¿Alberto?... ¿Dónde está Alberto?

-¡No está! –Exclamó Mirka- ¡Alberto no está!

-No puede ser…

-¡Se cayó al agua… por mi culpa! –aceptó Irma llena de tristeza.

-¡¿Qué dices?!

-Estaba sentado junto a mí, cuando llego la tormenta…la que se iba a caer era yo, pero él me sujetó. Al soltarse se cayó en el mar, (explicó Irma entre sollozos).

Todos juntos comenzaron a llorar por la pérdida de su amigo. Todos en el grupo se conocían desde pequeños, pues habían crecido juntos en uno de los barrios más *pobres* de la habana.

¿Hay pobres en Cuba?

Debido a la tormenta nadie había escuchado los gritos de desesperación, de frustración, de ayuda y de terror de Alberto. Sólo los había escuchado Irma, quien sentía un gran sentimiento de culpa, pues su amigo Alberto había dado su vida por la de ella.

-¡Lo siento!.. ¡Lo siento fue mi culpa! – Exclamaba Irma sin poder contener el llanto.

- No te sientas culpable -dijo Mirka con voz suave, cualquiera de nosotros está dispuesto a dar la vida por el otro…estamos juntos en esto. Si él se arriesgó por ti, era porque en realidad te apreciaba como amiga. Todos te apreciamos.

-¡Gracias! –Dijo Irma, y se abrazaron los cuatro compartiendo la tragedia de haber perdido a su amigo Alberto.

-¡Oh no! –Exclamó Amir- el agua y la comida también se perdieron.

-¿Y ahora que vamos hacer?

Todos apesadumbrados, cada quien se acomodo en un rincón de la lancha, y esperaron... pero ¿Y que podían esperar?

El sol comenzó a parecer en el horizonte, llenando de color miel lo que parecía el fin de aquel inmenso mar. En docenas de millas a la redonda no había nada, sólo ellos…con sus capas caídas por el dolor y tristeza de saber que su amigo había muerto ahogado y tal vez devorado por un tiburón.

2

El sol ya estaba en lo alto, mandaba sus fulminantes rayos hacia los tripulantes de la lancha. La desesperación comenzó a apoderarse del grupo.

-¿Iremos a morir? –Preguntó Irma.

-No lo sé – respondió Santos, sin mucho convencimiento.

-Tengo miedo- aceptó Mirka- no quiero morir.

-No mi amor, nadie más va morir. –Dijo Amir, tratando de que su novia no tuviera ese tipo de pensamientos.

-Te imaginas morir en este horrible lugar, en medio de la nada, sólo agua y más agua a nuestro alrededor…no quiero ni imaginármelo.

-Mi amor, todo va a salir bien te lo prometo.

Irma le lanzó una mirada a Santos como preguntándole: ¿Sobreviviremos esta?

-Mi amor- continúo Mirka- Prométeme una cosa.

-Lo que quieras mi amor, lo que tú quieras. - Dijo Amir con suavidad, al mismo tiempo que le acariciaba su rostro con ambas manos.

-Si muero…- Dijo Mirka con la voz entre cortada-si muero no me eches al mar, no quiero que nos coman los tiburones, ni a mi bebe ni a mí.

-Mi amor no pienses en eso, toda va a salir bien, ya lo verás - decía Amir haciendo un esfuerzo, pues el nudo que tenía en su pecho estorbaba sus palabras.

-Sí,- interrumpió Irma- lo vamos a lograr, alguien nos va a rescatar.

-Pero si nos encontramos a la guarda costera americana nos van a mandar para Cuba, y eso sería terrible… yo no quiero regresar a la Isla, pues nos acusarían de desertores y traidores. Nos van a mandar a la cárcel. ¡Yo no quiero regresar a Cuba! – Expresaba Mirka, quién estaba con los ojos inundados por el llanto.

-Mi amor, nadie nos va regresar a Cuba, te lo prometo.

Con la mirada perdida en la inmensidad del mar, Mirka expresó un terrible pensamiento: -¡Yo prefiero morir que regresar a Cuba!

-¡Nadie más se va morir!

-Pues yo prefiero morir de sed, de hambre o de insolación que volver allá. No quiero ni imaginarme que mi hijo nazca en Cuba bajo el régimen comunista en que vivimos. Yo quiero que el nazca en un país libre y no en Cuba, en dónde si respiras de más, el gobierno ya te está investigando… ¡Prefiero morir que regresar a Cuba!

Nadie decía nada, pues sabían que Mirka tenía razón. Si los encontraba la guardia costera y los regresaban a Cuba, estarían peor que lo que estaban antes de decidirse a emprender esa peligrosa aventura…una aventura que ya le había costado la vida a su amigo Alberto.

¿Pero sería el único?

-Prométemelo- volvió a pedir Mirka- prométemelo por favor.

-Te lo prometo - asintió Amir, haciendo un esfuerzo por no llorar.

Los cuatro se hicieron la promesa de que si alguno de ellos moría no lo tirarían a la mar, para que no se lo *comieran* los tiburones. Y si alguno de ellos llegaba con vida a los Estados Unidos, contarían lo que habían tenido que pasar por llegar a ese gran país de Norte América. Sus cuerpos sin vida servirían como una prueba inminente e innegable de que hay gente que prefiere arriesgar su vida que seguir viviendo entre las miserias y la pobreza que hay en los países *tercer mundistas*.(Gracias a sus gobernantes). Que los países ricos se den cuenta que es culpa de ellos que haya tanta pobreza en el mundo, pues pudiendo ayudar a mejorar la economía del mundo con su dinero, lo prefieren gastar invirtiendo en absurdas guerras que sólo cobran la vidas de inocentes que al mismo tiempo solo lleva a venganzas. Que los países subdesarrollados, invierten miles de millones de dólares en nueva tecnología y armamento nuclear para poder matar a otro ser humano, pretendiendo conservar la "libertad" de su país. Y que éste pequeño grupo de balseros sólo querían demostrarle al mundo que ellos estaban dispuestos a >>*morir en el intento de llegar a un país libre que seguir bajo los pies de un régimen comunista*<<.

El sol arreciaba.

Usando sus camisetas, playeras y remos formaron un tipo de casa de campaña tratando de proteger a Mirka, pues por su embarazo, era por quien más se preocupaban. Un silencio pesado reinaba en la pequeña embarcación. No lo querían admitir, pero un terrible pensamiento se había apoderado de ellos. (Iban a morir). Sólo era cuestión de tiempo, de esperar a que la muerte se diera un paseo por aquella diminuta mancha que sobresalía en la inmensidad del mar azul.

Es una tristeza que día a día veamos en los noticieros que cada vez haya más muertes por tratar de llegar a los Estados Unidos. Ya sea por tierra o mar, hay gente que paga caro el tratar de huir de la pobreza que se encuentra en sus países. Mucha gente paga caro el tratar de alcanzar un supuesto ¡Sueño Americano! y paga con lo más hermoso que tiene: ¡Con su propia vida!

Uno menos.

Ya iban para el tercer día perdidos en la nada, era como si la pequeña embarcación estuviera atada a una gran ancla que pesaba toneladas, pues después de tanto tiempo solo había agua y más agua a su alrededor. Ya todos presentaban los síntomas de insolación, los labios resecos por el sol y el salitre, con grandes ojeras y pálidos. Ya se les había esfumado toda esperanza de ser rescatados. Ya empezaba a declinar el sol cuando Santos sintió un agudo dolor en su pecho.

-¿Te sientes bien? –Le preguntó Irma.

Santos no le contestó, sólo se llevó la mano a su pecho y comenzó a toser fuertemente.

-Respira profundo - sugirió Irma un poco preocupada- ¡Cálmate, no te desesperes!

-¡No pué….! - Santos vomitó un líquido verdoso y cayó fulminado.

-¿Que tiene? ¡Revísalo!

Lo acomodaron boca arriba. Irma le dio los primeros auxilios: -¡Vamos! … ¡Vamos, respira!…

-¡Dale respiración de boca a boca! –Exclamó Mirka, desesperada.

-¡Vamos!..¡Vamos! – No te nos puedes ir, te necesitamos - gritaba Irma con los ojos llenos de lágrimas.

Santos no reaccionó.

Irma acerco su oído al pecho de Santos, y dijo con voz quebrantada: -Esta…muerto.

Mirka se aventó a los brazos de Amir asustada. Irma golpeaba el pecho de Santos, y gritaba:

¡No, te nos puedes ir!... ¡No te puedes morir!

-¡No quiero morir! –Expresó Mirka entre sollozos- "quiero que mi bebé viva".

Horas antes, Mirka había expresado que preferiría morir en el mar que regresar a Cuba, pero al ver morir a su amigo se asustó. ¿Y quién, por más fuerte que sea, no se asusta al ver a la muerte tan cerca como la tenían ellos?

-Vas a vivir, vamos a sobrevivir a todo esto -decía Amir tratando de calmarla, pues había entrado en un ataque de pánico y desesperación al ver que otro de sus amigos había muerto. Mirka jamás había visto morir a una persona y eso la tenia aterrada.

- Murió de un paro cardiaco - explicó Irma, con la tristeza reflejada en su voz y cara. No hacía más de dos meses que se había recibido como enfermera, por eso es que ella tenía conocimientos médicos.

-Pobrecito- Dijo Mirka con lástima- era un buen amigo.

En efecto, Santos había muerto de un paro cardiaco. Desde niño los doctores le habían encontrado un problema en su corazón y ya no aguantando más, éste había detenido su marcha. La única esperanza de Santos era llegar a los Estados Unidos; tal vez allí si le darían la ayuda que en su país le había sido *negada.* El gobierno cubano se jacta de tener excelentes médicos, hospitales avanzados en tecnología, un gran nivel en la medicina en general. Pero les falta *algo,* y ese algo es saber distinguir entre una persona y otra. El padre de Santos, al igual que centenares de cubanos, había decidido dejar la isla diez años atrás. Había decidido salir en busca de un mejor futuro, una mejor vida, en busca de *"libertad",* en busca del progreso, de ya no querer ser un hombre con miedo, pensar y decidir por sí mismo, se había cansado de que su vida y cada paso que daba en la pequeña isla *dependieran del gobierno cubano.*

El mismo día que él decidió abandonar la isla, fue considerado como *"un traidor y desertor a la patria".* Por eso es que Santos jamás recibió atención médica, pues fue apuntado en la *libreta negra* de los: ¡marcados, de los sin derecho a nada, de los marginados, de los señalados, de los hijos de los traidores que buscan un mejor futuro, de los condenados por el gobierno cubano a no recibir ningún tipo de ayuda! ¿Podrá algún día el gobierno distinguir una cosa de la otra? Ojala no se tarden.

-Su madre se va a morir de la tristeza cuando se entere - Expresó Mirka, con un poco de lástima, pues era hijo único.

¿Pero habría forma de que algún día se enterara la madre de Santos?

Irma tomó agua con sus manos y comenzó a peinar el enmarañado cabello de Santos, le hizo el peinado favorito de él: el de "librito abierto." Santos siempre decía: *las personas que se peinan de éste modo son personas muy inteligentes* y aunque a él no lo era, le gustaba peinarse de esa forma para sentirse "inteligente."

-A ti también te vamos a extrañar amigo -dijo Irma, al mismo tiempo que le daba un beso en la frente y le limpiaba su cara con la manga de su camisa.

Lo mismo hizo Mirka, y Amir. *Pronto lo alcanzaremos…*era el grito mudo de los tres.

El silencio, la tristeza, el luto, la desesperación, la nostalgia, el sufrimiento y la impotencia volvieron a gobernar el pequeño espacio de la embarcación. El mar estaba en relativa calma, era tal el silencio que Irma podía escuchar el lento caminar de su reloj. Cada movimiento de la manecilla ella lo escuchaba.

-¿Qué hora es? –Preguntó Mirka.

-Las 6:08P.M.

-Que irónica es la vida-dijo Amir, jugueteando con sus dedos el agua del mar. Navegamos sobre millones de litros de agua y no podemos tomar ni una sola gota, estamos sobre toneladas de comida y no podemos comer nada, que forma más irónica de morir.

Todo parecía que aún Amir ya había perdido toda esperanza de sobrevivir. El había tratado de ser el más positivo, de infundirles esa vaga esperanza de salir vivos de esa mortal aventura; pero esa esperanza ya se había esfumado junto con la tarde, para que la noche tomara su lugar.

¿Y quién, no perdería la esperanza?

- Así es la vida, a veces es muy irónica -dijo Irma con una sonrisa de sarcasmo y sin dejar de acariciarle el rostro a Santos.

Ya entrada la noche se dispusieron a dormir. Irma se recostó cuán larga era y puso las dos manos debajo de su cara. Amir recogió sus rodillas, para que a Mirka le sirvieran como almohadilla.

- Que hermosa noche, reconoció Mirka, suspirando profundo; luna llena, luceros y estrellas por todos lados.

-Así es- Dijo Amir – la luna está muy hermosa hoy, creo que nunca la había visto tan grande y bella.

- Dame un beso - Pidió con voz cargada de amor y ternura.

-Vamos a dormirnos, sugirió Amir, después de besar a Mirka.

Irma los observaba de reojo. Admiraba tanto el valor de los dos que no podía evitar que el profundo respeto que sentía hacia ellos fuera creciendo más y más. Juntos habían decidido embarcarse en aquella aventura llena de tragedias, muerte y penurias. Irma recordó cuando Amir le expreso a Mirka que se quería ir para los Estados Unidos y ella le dijo firmemente: "*Somos novios, estoy embarazada, así que si te vas tú me voy yo también; así que estamos en esto juntos, nos vamos juntos, llegamos juntos.... o nos morimos juntos*". Amir, después de no poder convencerla de que se quedara en Cuba, aceptó a regañadientes que se fuera con él.

El sueño los fue venciendo poco a poco hasta quedar rendidos.

3

No despertó.

Amir se despertó al sentir unos leves golpecitos en su rostro. ¿Qué pasa? -se talló la cara y sintió cómo se le humedecía, miró hacia el cielo y los golpes fueron más intensos. -¡No lo puedo creer!- Decía en voz baja. ¡Es agua, es agua, es agua! - Gritó lleno de alegría y una nueva esperanza. ¡Está lloviendo! –Exclamaba lleno de optimismo.

-Mi amor. Despierta, está lloviendo, por fin vamos a tomar agua.

Mirka, no respondía.

-Mi amor. Despierta -decía Amir, con ternura- tienes que tomar un poco de agua.

Mirka seguía inmóvil.

-¡Mi amor!

Nada.

-¿Qué pasa? –Preguntó Irma un poco adormilada.

-Mirka no despierta -dijo Amir, con voz de preocupación.

-Déjame revisarla -pidió Irma. Le puso dos dedos en el cuello y miró su reloj revisando su pulso. Acercó su oído al corazón de Mirka, le revisó los ojos y estaban dilatados. Cerró los ojos y dijo algo en voz baja…tan baja que Amir sólo escuchó murmullos.

-¿Qué pasa? –Preguntó angustiado- ¿Qué rayos pasa?

Irma hizo un esfuerzo, para deshacer el nudo que se le había formado en su garganta y con voz entrecortada y chillante dijo: "Lo siento… está muerta."

-¡¿Qué?! –Exclamó.- ¡No puede ser! ¡No!

-¡Mi amor!– Intentaba despertarla.

En un acto desesperación, Amir le abrió la boca para que tomara del agua que providencialmente estaba cayendo en forma de lluvia, la cual, desafortunadamente, en ésta ocasión había llegado tarde, demasiado tarde. Al ver que Mirka, no mostraba ningún movimiento o reacción, desde lo más profundo de su ser salió un grito de dolor. Un grito que al escucharlo, Irma sintió como sus fibras más intimas se sacudieron de tanto dolor.

¡Qué tristeza!

Irma no resistió y al no poder seguir mirando la escena, sacó la cabeza, por el borde de la lancha y comenzó a llorar.

Amir gritaba desesperado sin saber qué hacer; le abría una y otra vez la boca, para que su novia tomara agua pero todo era inútil. Era una escena tan dolorosa y triste que ni las palabras más elocuentes bastarían para describir ese momento. Unas simples palabras no podrían describir esa imagen, imagen que se quedaría en la memoria de Irma, que contemplaba como Amir trataba de revivir a Mirka.

Qué gran amor…

Mirka ya no había podido resistir más, debido al sol, a la falta de agua, comida, y por lo de su embarazo, no aguanto más y murió. Amir ya no vería más esa cálida sonrisa, su tierna mirada; ya no escucharía más su melodiosa voz, ya no disfrutaría del exquisito perfume de violetas, que ella usaba para coquetear con él. Ya no… ya no.

Ella en alguna ocasión le expresó, que su más ferviente deseo era morir junto a él siendo ancianos, rodeados de hijos y nietos, pero no sucedió así. Sí murió en sus brazos, pero sin hijos ni nietos y fue a no muchos meses de que ella le expresara sus deseos. Allí perdidos en medio de la nada estaba Amir, con el cuerpo, ya sin vida de su joven novia, "su muñequita", "su princesa", como él la llamaba. Y en el vientre de ella el pequeño "Juliancito", si era varoncito, o la pequeña "Sheila" si era una mujercita.

Irma, los miraba con lástima y piedad. Ella reconoció que aunque eran jóvenes, se habían amado con un amor puro y sincero. Le dio aún más tristeza descubrir, que un amor como ése sólo lo destruiría la muerte… y lo había logrado.

Un nuevo día.

Allá en el lejano horizonte, el sol iba saliendo poco a poco. Se asemejaba a una gran flama, una bella y fascinante flama que a veces era opacada por las nubes y la lluvia. ¡Era un extraño día! … a lo lejos el sol deslumbraba, y allí en la pequeña embarcación; la llovizna se había convertido en un torrencial aguacero que confundía el sabor agridulce y salado de las lágrimas que emanaban de Amir, que aún seguía llorando, por haber perdido a Mirka.

¿Una nueva tormenta para a completar la desgracia?

Al igual que con Santos, Amir trataba de peinar el desarreglado cabello de Mirka. Irma observaba entre sollozos, como con cariño, amor y ternura; Amir entretejía el cabello sedoso de Mirka hasta formar dos trenzas. De repente Irma soltó un grito en forma de chillido. Una gran ola había sacudido la lancha. Irma, de un movimiento rápido y un poco brusco se arrimó junto a Amir. La mirada de los dos se cruzó. (No hubo palabras). En el brillo opaco de los ojos cafés de Irma, había un gran temor, tenía miedo de morir. Temerosa se acurrucó a los pies de Amir. Él no sabía que decir. En realidad, en ese momento… ¿Que se podía decir?

-¡Sujétate bien! Fueron las únicas palabras, que Amir pudo expulsar de su garganta antes de ser embestidos por otra ola.

Gritos de miedo y desesperación se oían de parte de Irma.

Cada vez que veían venir una ola le pedían a Dios, que ésta no los volcara, pues sabían por demás que si alguno de ellos caía al mar morirían sin duda. Sólo manteniéndose en la lancha tenían una ligera esperanza de sobrevivir a la tormenta, que furiosa con ráfagas de viento, les golpeaba el rostro.

-¡No! –Gritó Irma desesperada- ¡Déjalo ir!

-¡No! ¡No lo voy hacer! –Afirmó Amir.

El cuerpo sin vida de Santos había salido volando por el aire y Amir lo sujetaba de una mano. Siendo Santos un hombre corpulento, con su peso y la agitada agua del mar, estaba arrastrando consigo a Amir.

-¿Déjalo ir? -Volvió a decir Irma- no tiene caso, el ya murió, no podemos hacer nada.

-¡No! –Volvió a insistir Amir- yo le prometí, que no iba a tirar su cuerpo al mar.

-Yo también se lo prometí, pero esto es diferente… él lo entendería- decía Irma entre lagrimas.

Amir, sin hacer caso, hacía un gran esfuerzo por tratar de subir el cuerpo de Santos a la lancha. Todo era inútil, el viento, la lluvia y las violentas olas hacían que todo su esfuerzo fuera en vano.

Otra ola los volvió a embestir.

-¡Déjalo ir! -Suplicaba Irma.

Amir se iba resbalando peligrosamente hacia la orilla del bote.

-¡No! - Exclamó Amir -si el cuerpo de Santos, se va al mar yo me voy con él.

-Pues si eso es lo que tú quieres, yo también me voy con ustedes - dijo Irma con firmeza-. Si te vas con él, yo me voy contigo. ¿Para qué me quedo sola? Así que tú decides.

Amir apretó los dientes, agachó la cabeza y por lo bien que conocía a Irma, él sabía que ella no duraría ni un solo momento en aventarse a las enfurecidas aguas del mar. Irma era una mujer de decisiones. Amir, con todo el dolor de su corazón, empezó a aflojar la presión que ejercía sobre la mano de Santos, y éste poco a poco se fue hundiendo en las profundas aguas. Amir sollozaba en silencio. Irma trataba de consolarlo.

-¿Tu qué crees que Santos hubiera hecho en tu lugar?... ¿Se hubiera dado por vencido o lucharía por tratar de sobrevivir?

Amir no le respondía.

-Mientras tú y yo tengamos vida -continúo Irma -"hay esperanza de lograrlo..." –aunque esa esperanza solo divagaba en la mente de Irma. ¿Pues quien, quien esperaría sobrevivir a la terrible tormenta que los tenía en sus manos?

-No hay que dejarnos vencer por la desesperación -pidió Irma-. Santos, hubiera preferido un millón de veces que dejaras ir su cuerpo a que tú te fueras con él. – Decía Irma, tratando de que Amir no se sintiera tan mal.

Entre los dos cubrían el cuerpo de Mirka, para que no le sucediera lo mismo que al de Santos. Y se dispusieron a esperar que su pequeña embarcación no se volcara.

4

La tormenta se fue calmando.

Después de casi cuatro horas, de violentas embestidas, la lancha se mecía suavemente sobre las últimas olas que provocaban los restos de la tormenta.

Amir, con su mano buscaba el cuerpo de Irma. No encontró nada. Un poco adormilado, volvió a tocar el espacio vacío, que ocupara el cuerpo de Irma.

-¡¿Irma?!

No hubo respuesta.

-¡Irma! –volvió a gritar desesperado.

-Aquí estoy -contesto Irma, que se había acomodado, al otro extremo de la lancha para descansar una vez que se dio cuenta que la tormenta había pasado.

-¡Gracias a Dios estas aquí! Por un momento pensé que tu también te habías caído -dijo Amir, respirando un poco más tranquilo.

Se miraron y sonrieron un poco, era una sonrisa, llena de tristeza, melancolía, y un poco de alegría al darse cuenta que los dos estaban vivos y que habían sobrevivido a la tormenta. Pero esa sonrisa duro solo unos segundos; pues volvieron a la triste realidad, de aceptar que estaban ahí, varados en medio de un mar que parecía infinito. Si otra hubiese sido la circunstancia Irma, no pararía de hablar, pero en ese momento solo dijo-¡Que Dios, nos aguarde! -Y miro hacia el cielo azul.

Otro día de sol.

El gran astro rey comenzó a secar las empapadas ropas de los jóvenes y volvieron a sentir los estragos de la falta de agua, (para beber claro está).

Gracias a la lluvia, que la tormenta había traído consigo, habían podido beber un poco de agua; lo cual ayudo a que sus cuerpos se refrescaran un poco y asi poder enfrentar otro día soleado.

Fatal intención.

Todo parecía que la mañana, el día y la tarde pasarían sin novedad, pero una lluvia de pensamientos negativos comenzaron a inundar la mente de Irma, "*todo había terminado, no saldrían con vida, morirían sin remedio, les esperaba una muerte agonizante*". ¡Agonizar! -Eso sí que no se dijo a sí misma. Si había algo, que aterraba a Irma era eso: *agonizar,* y si ya iba a morir ¿Por qué sufrir? ¿Por qué no terminar de una vez con es terrible sentimiento?

-*Es ahora o nunca. – Pensó* dándose valor.

Irma respiro profundo, se puso de pie, miro a Amir, que con cariño abrazaba al cuerpo sin vida de su novia y se despidió de ellos haciendo una señal con la mano. Miro al horizonte, luego al cielo, cerró los ojos… y se tiro al mar con la intención de quitarse la vida; abrió la boca y sintió como la sal le quemaba la garganta. Ya sin aire en los pulmones intento sumergirse lo más hondo posible, para terminar rápido con su vida. Su cuerpo se sacudió por la falta de oxígeno.

Todo parecía terminado.

De repente Irma sintió como Amir intentaba subirla a la lancha asiéndola por el cabello.

¡¿Qué rallos querías hacer?! -pregunto Amir desconcertado.

¡No! ¿Qué hiciste? –dijo Irma con dificultad tratando de respirar.

-¿Que querías hacer?

-Morir, me quiero morir ¿Por qué no me dejaste? –Inquirió Irma con los ojos vidriosos -déjame morir te lo suplico

-Pero, ¿Por qué? -dijo Amir sujetando a Irma por los brazos -¿Acaso ya perdiste la esperanza? Tú no eres ninguna cobarde, como para dejarte morir.

-Tengo miedo –reconoció Irma –tengo miedo de morir lentamente, por favor –volvió a suplicar Irma –déjame morir. Amir pudo ver el miedo reflejado en los ojos de Irma. Ella lo había repetido infinidad de veces, lo peor de la muerte… era agonizar antes de la llegada de ella.

Amir, no era de las personas, que sobresalía en dar consejos o ánimos, por el contrario en situaciones como esa se quedaba completamente mudo, y no sabía que decir.

No mejes solo -dijo al fin reconociendo, que el también tenía miedo de quedarse solo en esa situación. ¿Dónde quedaron las palabras que dijiste? >>*mientras tengamos vida tenemos esperanza*<< ¿Dónde está tu valor? Tu amor a la vida… ¿Dónde está? No te rindas por favor te lo suplico ¿Acaso no estoy sufriendo lo mismo que tú?

Irma, miro el cuerpo inerte de Mirka y sin decir nada, rompió en llanto arrepintiéndose de su cobardía y del falso camino que había decidido tomar para escaparse fácilmente de esa situación, y que por un momento había dejado a Amir solo a su suerte. Con la ayuda de él, se volvió a subir a la lancha, se abrasaron y se animaron mutuamente. Era un momento crucial tenían que estar más unidos que nunca, solo se tenían el uno al otro.

Irma, no sabiendo enfrentar sus miedos, había determinado quitarse la vida, pero como ella lo había dicho "mientras allá vida hay esperanza".

¿Qué hubiera hecho Amir solo?

¿Quién no tendría los mismos pensamientos o intenciones que ellos? Allí perdidos en medio de la nada. Ya un poco más tranquilos se dispusieron a descansar.

Llego la noche.

Uno que otro lucero iba reluciendo en la oscuridad de la noche, haciéndole compañía a la luna, que en ese momento estaba solitaria.

-¿Qué hora es? –pregunto Amir.

-Las 9:15P.M. –respondió Irma, (*Buena hora para morir*), pensó Amir, ya sin ninguna esperanza de salir con vida de ese naufragio. Se acostó a un costado del cuerpo de Mirka, y le dio las <buenas noches> a Irma. El sentía en su corazón, que tal vez esas serian sus últimas palabras.

-Buenas noches -Le correspondió Irma.

Irma, se recostó sobre el borde de la lancha y se dispuso a dormir y a *esperar,* a esperar a la muerte. Ella le rogaba al cielo que como a Mirka, a ella le llegara la muerte durmiendo pues asi no tendría que pasar por una terrible *agonía.* Para Irma, en ese momento lo peor no era la muerte, pues ya tenía entendido en su corazón que como todo ser humano, ella algún día iba a morir, lo peor era que se sentía sentenciada, ya sabía el mes, el día, la hora y el lugar de su muerte. Y eso hacía más insoportable ese momento pues por más que hacia el esfuerzo no lograba conciliar el sueño.

-Las 11:00P.M. -dijo Irma, en voz baja, tal vez sea la última vez que te vuelva a mirar- Expresaba acariciando la superficie de su reloj chapeado en oro, que sus padres con mucho esfuerzo le habían regalado.

Ella por ser enfermera, y al darse cuenta por los síntomas que estaba presentando sabia que de no ser por una bendición de Dios, moriría de insolación; cruzo las manos sobre su pecho, se recostó, cerró los ojos y se quedo profundamente dormida.

5

¿Verían la luz del siguiente día?

Un suave viento junto con una cálida brisa acariciaban la delicada piel del rostro de Irma, que en ese momento ya estaba muy maltratada por el salitre; hasta la nariz de ella llegaba un aroma diferente, muy diferente al que había aspirado en los últimos cuatro días. El fuerte olor a salitre y pescado, se confundían con un olor inconfundible a *humo*. ¿A humo?

-¡Ay! –se quejo Irma, apretándose la cabeza, unas terribles punzadas atacaban su cerebro.

Haciendo un esfuerzo abrió un poco sus pesados parpados y miro su reloj: las 3:40A.M. Aspiro profundo y hasta sus pulmones llegaron los desechos tóxicos a gasolina quemada, a gauchos, a detergentes y aceites derretidos, a todo esto la gente le llama… ¡Contaminación!

¡Que! –Exclamo sorprendida- ¡No lo puedo creer!

Allá a lo lejos en el horizonte, en las nubes, se reflejaba algo parecido a un gran fuego, como si algo grande estuviera entre llamas.

-¡Dios mío! –Dijo llena de alegría, ese reflejo era inconfundible para ella, no era fuego lo que reflejaban las nubes, eran las luces de una gran ciudad. ¡¿O tal vez ya estaba alucinando?!

-¡Dios mío! -Volvió a repetir, poniéndose una mano en la boca y otra en el corazón -¿Lo habremos logrado? – ¿Se preguntaba?

Se arrodillo junto Amir, y lo comenzó a menear para despertarlo.

-¡Amir, despierta!

Pero Amir, no respondía.

-¡Amir! -Gritaba al mismo tiempo que lo sacudía con fuerza.

-Amir, no me puedes hacer esto -decía Irma, presintiendo que su amigo estaba muerto - ¿Por qué no resististe mas, si ya estábamos a punto de lograrlo?

-¿Por qué? –Volvía a preguntar Irma y se recostó sollozando sobre el pecho de Amir.

-¿Qué pasa? –Pregunto Amir, un poco adormilado y mareado.

-¡Estás vivo!.... ¡Estás vivo! –Gritaba Irma, llena de alegría, y se hecho sobre su cuello abrazándolo; Amir, había caído en un profundo sueño, que para despertar había hecho un gran esfuerzo, que si Irma, no lo hubiera despertado el jamás habría visto la luz de un nuevo día.

-¿Qué sucede? ¿Por qué estas así?

-¡Mira! –Le dijo Irma entusiasmada, señalando con su dedo hacia el horizonte.

Amir, abrió la boca e hizo una mueca de incredulidad.

-¡Asi es! –Dijo Irma, entusiasmada -¡Lo logramos!.... ¡Lo logramos! Eso es una ciudad.

-¿Tú crees? –Decía Amir, sin poder creerlo, se tallo los ojos para hacer entender a su mente que aquello no era una alucinación.

-¿Sera México? –Dijo Irma entrecerrando los ojos para mejorar su vista.

-¿México?- Espeto Amir- no lo creo.

-Pues mientras no sea Cuba, cualquier Isla desierta es bienvenida. – Expresaba Irma, en forma de broma.

-¡El motor! -Volvió a gritar Irma- trata de hacerlo prender.

Pero nada, después de varios fallidos intentos se dieron por vencidos. El motor se había desvielado.

-Con los remos- Sugirió Amir.

-Solo hay uno – Dijo Irma, un poco frustrada.

-¡Pues con ese vamos a llegar a la orilla! -Dijo Amir, con firmeza.

Usando esa fuerza extra que tenemos los humanos, ese coraje, esa decisión, Amir, comenzó a remar y lo hacía con tanta fuerza que Irma se quedo sorprendida.

-¡No lo puedo creer! –Dijo Amir, con una chispa de alegría en sus ojos.

Ya se habían acercado a la ciudad, no era México. Para Amir, la forma escalonada de los edificios y las luces multicolores eran inconfundibles, había visto tantas veces aquella ciudad estampada en una postal que de inmediato la reconoció.

-¡Es Miami! … ¡Es Miami! –gritaba Amir, con todo el poder de su garganta.

-¿Estás seguro? –Pregunto Irma, tratando de no soltarse por la emoción.

¡Claro, que estoy seguro! –Afirmo Amir -he soñado tantas veces con esta bella ciudad, que desde que mire por primera vez la postal, jamás se me ha borrado de la memoria.

-¡Pues vamos a pisar esa tierra soñada! –Exclamo Irma aceptando que al igual que para Amir, los Estados Unidos, eran para ella como un *sueño.*

Solo les faltaba una cosa, como lo había dicho la joven: *"pisar tierra"* pues la ley *"pies mojados, pies secos"* estipulaba "Que cualquier persona que desertara de la Isla Cubana y que pretendiera llegar a los Estados Unidos, por agua (atravesando el mar) mientras esta persona no pusiera, un pie en suelo americano, esta ley no lo podía beneficiar. Pues si <algún balsero cubano>, es detenido a bordo de su lancha, sin haber puesto un pie en tierra, no importa si esta a un metro de la orilla, no importa quién lo detenga, ya sea inmigración, los guarda costas o cualquier institución del gobierno esta persona es enviada de regreso a Cuba. No importando si esta persona paso varios días o semanas perdido en alta mar, haya vivido lo que haya vivido," si no pone un pie en tierra es mandado de regreso a la pequeña Isla". Y eso es algo que desafortunadamente, ya han vivido centenares de cubanos, que lo dejan todo, que desafían al inmenso mar, que se avientan a la aventura, que a otros centenares ya les ha costado la vida. Qué triste que muchos cubanos han sido detenidos a unas cuantas horas, o a unos cuantos metros de: "La tierra prometida". Y terminan repatriados en Cuba. Algunos están en la cárcel acusados de *"traidores"* o presos políticos. Acusados por un gobierno retrogrado, que se niega a aceptar la triste realidad que enfrenta su pueblo.

¿Les pasara lo mismo a estos jóvenes?

<<Solo un pie... solo un pie>> -repetía Amir, en su mente -solo un pie y lo habremos logrado- mientras remaba con más fuerza.

Irma, no salía de su asombro al distinguir mejor la ciudad. Abrió sus ojos cafés cuan grandes eran pues había hecho un gran descubrimiento.

-Amir, mira, mira -dijo entusiasmada -allá a la derecha hay una fogata.

- Si, ya la vi -dijo Amir, contagiado por el entusiasmo de la joven y dirigió la pequeña lancha hacia donde el fuego brincoteaba sobre la oscuridad de la noche.

-Ya mero…Ya mero.

-¡Hey aquí! –Gritaba Irma -¡Ayuda por favor! –gritaba con más fuerza.

Alrededor de la fogata estaba un grupo de jóvenes universitarios, que desafiando a las autoridades sobre las advertencias de posibles tormentas, habían tomado la decisión de pasar la noche a la orilla del mar.

-¡Hey aquí! –Volvió a gritar Irma.

De repente uno de los jóvenes se puso de pie y comenzó a hacer señales con su mano. Ya estaban a unos cuantos metros de la orilla, cuando dos jóvenes, se acercaron a ellos nadando.

-¡Gracias! ¡Muchas gracias! –Decía Irma, con los ojos llenos de lágrimas, volteo a ver a Amir, y le sonrió un poco, el joven le devolvió la sonrisa.

¡Lo lograron!

Irma, cayó sobre sus rodillas y enterró sus manos en las suaves piedrecitas que forman la playa, beso la arena volteo hacia el cielo y sin dejar de llorar de la alegría le dio gracias a Dios. Por haber llegado con vida, pero su corazón se volvió a llenar de tristeza, cuando vio como Amir, bajaba de la lancha con el cuerpo sin vida de su joven novia, con un bebe en su vientre que jamás vio la luz de un día.

-¿Qué pasa? –Pregunto uno de los jóvenes al ver que Amir, caía sobre sus rodillas con el cuerpo de la joven entre sus brazos.

Era un momento indescriptible, solo aquellos que lo han vivido lo pueden describir.

-¡Llamen a una ambulancia! –Exclamo Irma angustiada -¡llamen a una ambulancia por favor!

¿Qué pasa? -Volvieron a preguntar.

-Somos balseros cubanos –contesto Irma, entre lágrimas; estuvimos perdidos en el mar, por varios días, sin agua ni comida. ¡Llamen a una ambulancia! Volvió a pedir -si no atendemos rápido a mi amigo se va a morir.

-Ya vienen en camino- dijo una joven -Ya llame al 911, no van a tardar mucho.

-Minutos después, arribó al lugar una ambulancia del departamento de bomberos de la ciudad de Miami.

¿Cómo esta? –Le pregunto Irma, a uno de los paramédicos que le proporcionaba los primeros auxilios a Amir.

-Parece que bien -contesto el paramédico no muy convencido, pues la situación de Amir, era un poco grave.

Debido a la falta de agua, de comida y el excesivo tiempo que estuvieron bajo el sol aunados al gran esfuerzo que hizo Amir, al remar para alcanzar la orilla. Estuvieron a punto de provocarle un paro cardiaco. Y no soportando mas había caído desmayado sobre la arena de la playa.

Todos los presentes los miraban con tristeza y lastima, pues Irma le conto con grandes rasgos al oficial de la policía, todo lo que habían vivido, de cómo Alberto, se había caído al mar por la tormenta, de cómo el corazón de

Santos, no resistiendo mas, se detuvo, y de que Mirka, junto con un pequeño ser en sus entrañas habían muerto en los brazos de Amir.

Rumbo al hospital.

El forense se hacía cargo del cuerpo de Mirka, mientras que Irma, miraba atreves de la ventanilla de la puerta trasera de la ambulancia, como esta cruzaba la calles a toda velocidad rumbo al hospital para que Amir, recibiera la atención médica adecuada.

-¿Cómo esta? –Pregunto una mujer, su voz sonaba muy preocupada. Era Ximena, la hermana mayor de Amir, que había viajado desde Atlanta, Georgia. Ella había desertado de Cuba, hacia más de quince años. La última vez que había visto en persona a Amir, él tenía siete años de edad.

-Bien -contesto Irma -le están haciendo los últimos estudios, parece que hoy lo pueden dar de alta.

-¡Gracias a Dios! –Expreso Ximena. -Yo creí que se nos moría.

-Si yo también creí que se moría.

-¡Gracias! –Dijo Ximena -con los ojos vidriosos a punto de llorar -gracias por todo lo que hiciste por mí hermano.

-No me agradezcas nada -decía Irma, limpiándose una lágrima, que rodaba por su mejilla, al contrario yo estoy viva gracias a él.

El encuentro entre Ximena y Amir, fue alegre, triste, nostálgico, lleno de recuerdos, preguntas y muchos, muchos besos y abrazos.

El papel firmado.

Semanas después un juez del servicio de inmigración decía: ¡SI! A la petición que le hicieron al gobierno Estadounidense, de permanecer en el país bajo –asilo político-. La ley establecida en 1966 por la Legislación Americana, que le otorga a toda persona que tenga el valor de desertar del régimen comunista cubano, el permiso para permanecer en el país y así obtener una vía más fácil para hacerse ciudadano Norteamericano.

6

Irma y Amir, colocaban cuatro rosas en la tumba de Mirka, una para ella, otra para su bebe, y las otras para sus amigos, Alberto y Santos. Amir, podría llevarles Flores a su novia y a su bebe pues él sabe que sus cuerpos están allí, pero los cuerpos de Alberto y Santos. ¿Dónde están? Tal vez fueron devorados, por los tiburones o están en el fondo del mar.

Si buscáramos en las profundidades del océano, encontraríamos los restos de centenares de cubanos y esa seria o es una prueba innegable tanto como para el gobierno cubano, como para el gobierno americano, que hay personas que prefieren....... ¡Arriesgar la vida, en busca de algo mejor que seguir viviendo bajo los pies de gobiernos opresores que solo hunden a sus pueblos en la miseria y la pobreza! Y asi lo demuestro un grupo de personas que hace tiempo decidió abandonar la Isla Cubana y de los cuales solo sobrevivió un niño. -Si, solo un niño sobrevivió de entre más de ocho personas- por el cual desde Cuba, vino su padre por el ¿Las razones? Solo en las sabe ¿Amor de padre? ¿Presiones políticas? Este acontecimiento le dio la vuelta al mundo. Este niño fue mejor conocido como: *¡El balserito cubano!*

Ya sea por mar, tierra, desiertos, ríos o montañas, no cabe duda que todos estamos dispuestos arriesgar a un nuestra propia vida si es necesario, por salir de la pobreza, de la miseria, de la opresión, todo por una vida mejor, por "Una libertad" y por un mejor futuro.

Irma, al no tener parientes cercanos, a quien acudir, se fue a vivir con la familia de Amir. La amistad que había entre ellos era tan fuerte, que nada absolutamente nada la podía quebrantar...solo la muerte. Después de todo lo que vivieron ¿Qué más los podría separar?

Entre ellos había algo más que amistad ¿Si existe algo más allá que la amistad? eso los une.

Irma obtuvo su licencia como enfermera y trabaja en el Hospital General de Atlanta Georgia.

Amir, consiguió trabajo, en la compañía de computación más famosa del mundo. El siempre fue un genio en lo de las computadoras. Pero la brillantez del él, así como la de millares de jóvenes cubanos, era y es opacada por un gobierno que se niega a mirar hacia el futuro.

¡QUE DIOS AL BENDIGA AL PUEBLO CUBANO!

* LA MOCHILA*

Juan Mandilla, esperaba impaciente la llamada telefónica de parte de sus amigos desde San Francisco, California, eran las 11:45A.M. Y su amigo Roberto, había quedado de llamarle a las 10:15AM.

-¿Crees que te llame? -pregunto su tío, llamado Aurelio.

-Sí, yo creo que si –respondió Juan, un poco dudoso.

-Pues espero que si te ayuden para que te vayas a los Estados Unidos, para que trabajes duro y que ganes muchos dólares y de esa forma puedas ayudar a tu madre y a tu hermana –dijo el tío.

-Pues si tío, ya ves que aquí la situación está muy difícil, con lo poco que gano no nos alcanza para mucho y a si ni como pensar en casarme con Laura.

Su plática se vio interrumpida, cuando sonó el teléfono, Juan contesto apresuradamente. Juan, reconoció la voz de inmediato, era su amigo Roberto; después de saludarlo y darle algunas instrucciones, Juan colgó el auricular.

-¿Qué paso hijo que te dijeron?

Juan, con una sonrisa dibujada en su rostro, le contesto: me voy el próximo lunes, ya ves tío te lo dije mis amigos no me podían fallar y si por cualquier razón ellos no podían ayudarme, mi tía Lupe, que está en Nueva York, también puede ayudarme.

Minutos después, Juan, se despidió de su tío. Ya en casa de su madre, Juan, le dio la noticia, no muy convencida de que es se fuera para los Estados Unidos, ya resignada acepto que él se marchara. Esa misma noche Juan, platico con su novia, ella al igual que su madre, no quería que él se fuera para el

Norte. Los argumentos de Juan eran: que su situación económica no era buena, que con el dinero que el ganaba como obrero en una fábrica de muebles a él no le alcanzaba para darle lo que ella se merecía. Juan, amaba tanto a su novia que él quería tratarla como a una reina, en caso de que se llegaran a casar, aunque a ella no le importaba para nada lo económico, el insistía que ella se merecía lo mejor.

-Solo dos años, o a lo máximo tres, te lo ruego, mi amor, apóyame -inquiría Juan.

-Está bien -dijo ella, no más de tres años, hagas lo que hagas económicamente, si haces algo bien, y si no también, aquí te voy a esperar pero no más de tres años.

-Gracias -dijo Juan, muy complacido- voy a tratar de ahorrar lo más que pueda, para que podamos poner una tienda de abarrotes y así ayudar a mi madre y a mi hermana, incluso todos podemos trabajar ahí.

Laura, cariñosamente se acerco a Juan y le dijo:- Juan por favor no me defraudes, yo te prometo esperarte, y quiero que tú también me prometas, que no vas a buscar a nadie allá, y menos a una *güerita.*

Juan, al mismo tiempo que le correspondía el cariño le respondió:- tú, mi madre y mi hermana son lo que más quiero en la vida, como crees que les voy a fallar, ellas solo dependen de mí, ya vez que a mi padre lo mataron, en un asalto. Mi hermanita ni siquiera lo conoció; cuando él murió mi madre tenía cinco meses de embarazo.

-Pues no nos falles. ¿Y de que vas a trabajar?

-Pues no se –contesto Juan- tal vez en lo mismo que trabajan mis amigos, casi todos trabajan en restaurantes, unos son meseros y otros cocineros, yo creo que me van a acomodar con ellos.

Laura, miro a Juan, en su mirada se podía notar el amor que sentía por él, lo abrazo y ella volvió a pedir: - ¡No me falles... por favor!

Juan, le correspondió el abrazo, el sabia lo mucho que ella lo amaba, y ahí mismo en silencio el se prometió, que no le iba a fallar, el sabia que le iba a ser muy difícil encontrar a otra mujer como ella. Platicaron por un buen rato, y él se despidió de ella dándole un beso en la frente. Los siguientes días pasaron volando y se llego el lunes.

Laura, la madre de Juan y su pequeña hermanita, de siete años de edad, lo acompañaron a la estación de autobuses, entre todos buscaban el autobuses número 510, con destino a Hermosillo, Sonora.

Una vez que lo encontraron, Juan se dispuso a abordarlo, la despedida de sus familiares fue muy triste, el les dio un beso en la frente a cada una, las tres comenzaron a llorar, como presagiando un *terrible* final.

Juan, se le acerco a su madre y le dijo: Dios, me va a cuidar, el me va a traer de regreso sano y salvo así como me voy ahorita, un día voy a regresar madre, se lo prometo.

Juan abordo el autobús, se asomo por la ventanilla y sus familiares aun le continuaban diciendo adiós, con las manos y mandándole besos.

Cuando el autobús comenzó a moverse, la pequeña hermanita de Juan, corrió a la par del autobús, y ella le hizo una seña, que entre ellos tenían la costumbre de hacerla, ella se puso dos dedos en el corazón y después en los labios, y le mando un beso; a Juan se le formo un nudo en la garganta y comenzaron a traicionarlo las lagrimas.

Juan, se acomodo en el asiento y apretó contra su pecho, una pequeña *mochila* que su madre le diera, en la mochila, llevaba sus documentos personales, su acta de nacimiento, su cartilla militar y unas fotografías, que él se había tomado unos meses antes, con su hermanita, con su madre y con su novia Laura. También llevaba una fotografía en la que se estaba solo con su padre. Simbólicamente, Juan, llevaba llena la mochila llena de sueños, ilusiones, promesas llenas de amor.

El autobús comenzó a alejarse de la ciudad, Juan volteo y dentro de sí mismo dijo*: adiós mí querida ciudad, adiós pero un día volveré y todo será diferente.* Y así Juan, le dijo adiós a su ciudad, la bella ciudad de Zamora, Michoacán, México.

El sabia que el viaje iba a ser un poco largo un poco menos de treinta horas. Juan extrajo de su cartera un pequeño calendario y marco el día de su salida, *era el 16 de abril de 1999.*

Después de un largo viaje, Juan, llego a la ciudad de Hermosillo, y abordo una minivan que lo llevaría a Altar, Sonora. Una vez llegado ahí, hizo contacto con el hombre apodado "el mosco", recibió instrucciones de que tomara un taxi y que llegara a un hotelucho llamado "Lolita" y que preguntara en donde estaba ubicado el cuarto numero 12, ahí lo estaría esperando aquel hombre.

Juan entro al cuarto, y ahí había cinco personas, mas el guía, había un hombre de casi 50 años de edad, llamado Marcos procedente de Oaxaca, dos jóvenes que decían ser primos hermanos llamados, Raúl y José, una joven llamada Alejandra, procedente de Guadalajara, y un joven llamado, Vilmer, este joven era procedente de Tegucigalpa, Honduras (Centro América). Juan se presento con todos y tomo asiento en un mullido sillón. Había un gran silencio en el cuarto, solo se miraban unos con otros.

Quien rompió el silencio fue Alejandra, Juan se dio cuenta de inmediato, que la joven estaba llena de alegría, entusiasmo, positivo y de espíritu aventurero.

Vamos –dijo ella -sonrían, dejen esas caras largas, suficiente tuve con las caras de tristeza de mis familiares al despedirme de ellos.

El ambiente se torno un poco más suave, ya no había tanto hermetismo, comenzaron a platicar pequeñas historias, unas de las que más les impacto, fue la de Vilmer, el joven Hondureño, el ya llevaba más de 34 días desde el día en que saliera de su país, ya había cruzado varias fronteras, y le faltaba la ultima. La última frontera que divide al país más *poderoso* del mundo, frontera que divide entre la *pobreza* y una *vida mejor,* frontera que divide a un país del primer mundo con los países del tercer mundo, frontera que divide entre los sueños realizados con deseos fracasados.

Vilmer, había dejado todo, absolutamente todo, sus amigos, sus familiares, el había tenido que malbaratar sus bienes, para poder obtener dinero para poder llegar con su familia en la ciudad de Nueva York. Si él se regresara a su país, el no tendría ni en que dormir, el provenía de los barrios más pobres de Tegucigalpa. Todos estaban llenos de nervios y de ilusiones, pues se estaba llegando la hora de subir a la camioneta que los llevaría lo más posible dentro del desierto.

Llegaron al punto en donde la camioneta ya no podía avanzar más, se bajaron y el guía les proveyó algunas provisiones, agua, galletas, jugos, una barra de pan para sándwiches, atún y algunas latas de frijoles.

En esa época del año, la temperatura sobre pasa los 120°. *Y así que caminarían solo por la noche,* según lo que les dijo el guía, caminarían solamente dos noches para poder llegar al punto clave en que los levantarían, para llevarlos a Phoenix , Arizona; y después los llevarían a cada quien a su destino.

Comenzó a caer la tarde y después de recibir algunas instrucciones, se dispusieron a caminar. Mientras caminaban, Juan, miraba a su alrededor y se quedaba sorprendido de la forma del desierto, él pensaba que todos los desiertos eran iguales al de los países árabes, pensó solo encontrar arena, pero no era así. Sino que había cactus, arbustos y matorrales. La más contenta era Alejandra, pues ella llevaba la ilusión de encontrarse con su esposo, el cual había llegado a los Estados Unidos, unos meses antes.

El comienzo de las desgracias.

Descansaban cada dos horas; la primera noche pasó sin complicaciones, eran como las 7:00 A.M. cuando llegaron a una barranca, en donde descansarían todo el día. Las horas pasaron lentamente, comenzó a caer la tarde y se prepararon para caminar. Ya habían caminado como una hora y media, cuando de repente les salieron al encuentro unos hombres, eran cuatro en total, tres de ellos portaban armas.

Juan, se imagino lo peor, los hombres los rodearon y de un empellón los lanzaron al suelo, dos de ellos cayeron de bruces entre las piedras lastimándose las rodillas y los codos.

Alejandra, se arrimo a Juan, todos estaban asustados. Los hombres amenazándoles con las armas, les exigieron que sacaran todo el dinero y sus pertenencias, todos obedecieron de inmediato. Uno de los asaltantes se acerco a la joven y pidió con voz amenazante:

-¡Dame el anillo que tienes en tu mano!

Alejandra no se lo quería dar, pues era el anillo de bodas, anillo que ella apreciaba demasiado. El hombre sujetándole con fuerza la mano la despojo del anillo. Una vez que los asaltantes los saquearon se dispusieron a marcharse, pero uno de ellos el que presuntamente era el jefe de la banda dijo: ¿Por qué no nos divertimos un poco?

Cuando Alejandra, escucho las palabras del tipo aquel, se le encogió el corazón, pues temió lo peor.

Los otros tipos al escuchar lo que dijo aquel hombre dijeron: ¿Y porque no?

Dos de ellos se dirigieron a la joven, y la intentaron halar para con ellos, ella se asió de un arbusto, resistiéndose a ir con ellos. Vilmer, al ver lo que estaba aconteciendo, intento hacer algo pero un fuerte golpe recibido con la parte trasera de la escopeta, que empuñaba uno de los asaltantes le abrió la sien y cayó al suelo, semiinconsciente, la sangre comenzó a correr por su rostro.

Todo el grupo estaba asustado.

El hombre que golpeo a Vilmer, dijo con firmeza:- El que intente hacer algo, aquí se queda, al próximo que se mueva, le meto un balazo.

Los otros hombres continuaban jaloneando a Alejandra.

-¡No, Por favor! -gritaba la joven con desesperación.

Los tipos la jalaron con fuerza y las palmas de sus manos se desgarraron con las espinas del arbusto del que ella se sujetaba. Entre los tres tipos la cargaron y se la llevaron atrás de unos matorrales. Ella pataleaba, y manoteaba, para no dejarse llevar por aquellos hombres, pero todo era inútil, no podía hacer nada en contra de la fuerza de ellos.

El hombre que se quedo cuidando al resto del grupo, continuaba amenazándoles con la escopeta. Juan, sabía que no podía hacer nada, pues ya sea a él o a otro que intentara hacer algo, el tipo aquel no dudaría en dispararles. A lo lejos aun se escuchaban los gritos desesperados de Alejandra.

-¡No! ¡Por favor! ¡Por lo que más quieran, no me hagan daño! -suplicaba la chica, pero los asaltantes estaban resueltos a cometer su bajeza.

Los gritos de la joven eran lastimosos, llenos de dolor, de desesperanza. A lo lejos también se escuchaban los gritos y maldiciones de los tipos; de repente se escucho un golpe en seco seguido de un quejido de la joven.

Ya no se escucharon los gritos de la joven.

Juan, se llevo las manos a la cara y poco a poco se las llevo a los oídos, pues para él, el crimen que se estaba cometiendo era una de las peores bajezas y cobardías, que un hombre podía cometer, los gritos de la joven retumbaban en los oídos de todos con un gran eco. Cuando dejaron de escuchar los gritos de Alejandra, mas de dos le dieron las gracias a Dios, porque ella había perdido el sentido con los golpes que le habían propinado aquellos tipos.

Todo el grupo estaba consternado, pues todos habían escuchado de que alguna mujer, había sido abusada sexualmente, pero ninguno de ellos había sido testigo de una bajeza de esa magnitud.

Se miraban unos a otros llenos de frustración, y tristeza, por no poder hacer nada. Y por fin después de casi dos horas dejaron en paz a la joven, aunque ya había obscurecido, se podía notar en el rostro de la joven los golpes que había recibido. Los tipejos aquellos se alejaron perdiéndose entre los arbustos y la noche, dejando tras de sí una estela de daño, maldad y bajeza.

Juan, extrajo un pañuelo de su mochila y comenzó a limpiar la sangre que escurría de la nariz y de la boca de la joven." *Ella solo lo miraba"*. A Juan le cayó de extraño que ella no se quejara al contacto del pañuelo. Lo que Juan y el resto del grupo no sabían era que, Alejandra, estaba en estado de shock, quizás ella lo hizo a propósito, de bloquear sus sentidos, de alejar la mente de su cuerpo, como para no sentir el ultraje de esos cobardes. Todos la observaban sin pronunciar una sola palabra.

Cuando Juan, termino de limpiar su rostro, la joven rompió en llanto, y al mismo tiempo gritaba: *¿Por qué?... ¿Por qué?* ¿Por qué tuvimos, que encontrarnos a esos cobardes?... *¿Por qué?*

El llanto de la joven era tan lastimoso, doloroso, y amargo que el grupo casi irrumpía en llanto con ella. La joven se llevo las manos a su cara, y se tallaba con fuerza al mismo tiempo que volvía a repetir una y otra vez la misma pregunta.

-¿Por qué a mí, porque a mí? -Se tallo la cara con tanta fuerza, que la sangre volvió a brotar de sus heridas. Juan, le limpio una vez más el rostro a la joven, ella se quejaba solo un poco del dolor, pues sus heridas físicas, no eran nada comparadas con las heridas, que ella ahora tenía en su alma, heridas, que el tiempo jamás borraría. Las huellas que le dejo aquel grupo de *cobardes* las llevaría grabadas en lo más profundo de su ser.

En un solo momento aquella acción le destrozo sus sueños, sus ilusiones, su orgullo y su dignidad. La mirada de la joven se perdía en la profundidad de la noche como buscando la respuesta de >> ¿Por qué a ella?<< Juan no sabía que decirle, pues era un momento muy delicado, el se mordió los labios lleno de rabia y coraje, cerró los ojos pues estaba a punto de llorar. Ella se refugió en su pecho como buscando un poco de protección. El se sintió tan miserable; por no haber hecho nada, como para impedir aquella canallada, pero como todos sabían, el tipo que los cuidaba no dudaría en matar, a quien intentara hacer algo.

-La joven lo miro a los ojos y le pregunto. -¿Por qué a veces los hombres son tan cobardes? ¿Porque algunos tipos tienen el alma tan negra?

Juan, no sabía que contestarle, (*pues el reconocía que ella tenía razón)*, pues algunos seres humanos actúan, sin sentimientos, sin compasión, muchas veces los hechos de algunos seres humanos hacían o hacen más daño que un huracán. Algunas personas sin darse cuenta pueden llegar a convertirse en una de las bestias más destructivas de la tierra.

El hombre que los guiaba por el desierto, contagiado por el mismo pesar dijo: pues tenemos que continuar nuestro camino, porque si no llegamos a tiempo vamos a perder el raite.

Se pusieron de pie, y se dispusieron a caminar. Todos llevaban el mismo semblante, pues los acontecimientos les habían causado gran tristeza. El camino era muy disparejo, sin poder ver bien por la obscuridad de la noche, caían en barrancos y sus cuerpos eran arañados por las espinas de los arbustos, y cactus.

Casi todos gemían de dolor al sentir los golpes en las piedras o las espinas, la única que no se quejaba era Alejandra; ella seguía como ausente, caminaba como una sonámbula. Marcos y Juan la ayudaban a incorporarse cada vez que ella caía, solo por la ayuda de ellos era como continuaba su camino por los escabrosos senderos del desierto. Aun por la noche se sentía el sofocante calor; eran como las 4:30 A.M., cuando arribaron al lugar en donde se suponía, que los deberían de levantar para después llevarlos a la ciudad de Phoenix.

-Se nos hizo un poco tarde -dijo el guía después de mirar su reloj y hacer un gesto de enfado. Se supone que deberíamos de haber llegado a las 2 de la madrugada –volvió a inquirir el guía.

Después de esconderse en un barranco, dijo el guía: -Ahorita regreso, si mis amigos llegaron y no nos encontraron, me debieron de haber dejado una señal -acto seguido el hombre se perdió entre la oscuridad y la escasa vegetación.

Minutos después regreso el guía.

-¿Qué paso? –pregunto el joven Hondureño.

-¿Si llegaron antes que nosotros?

-¡No! -contesto el guía -no hay nada, tal vez no pudieron venir, o se les atravesó algo en el camino.

-¿Cómo que se les pudo haber atravesado? Pregunto uno de los jóvenes.

-Después de acomodarse entre las piedras contesto:- a veces se pone muy caliente el asunto, cuando la migra agarra un grupo de personas muy grande o ponen el dedo de que van a pasar droga, hay mucho movimiento de la migra y tal vez esta fue una de esas ocasiones.

-¿Y crees que vengan por nosotros, mañana? -Volvió o preguntar el joven.

-¡Sí! -contesto el guía- si anoche se puso caliente estoy seguro que mañana si vendrán por nosotros, ellos saben que yo llego aquí, llego porque llego –dijo el guía con seguridad.

Debido al cansancio uno por uno se fueron quedando dormidos. Juan esperaba que la joven se quedara dormida, pero ella con la cabeza clavada entre las rodillas, balbuceaba algunas palabras. Palabras que Juan, no entendía, el sentía mucha compasión por ella. Acaricio su cabello y no aguanto más, y comenzó a llorar en silencio; él seguía acariciando el cabello de la joven, como queriendo que se le traspasara un poco de dolor que ella sentía, pero era imposible hacer eso, pues el dolor del *ultraje* lo llevaba ella, y lo llevaba bien, clavado en su alma. Poco a poco todos se quedaron dormidos incluyendo a la joven.

Juan, fue el primero que se despertó. Ya estaba muy avanzada la mañana, los fulminantes rayos solares que le pegaban en la cara lo despertaron, intento moverse pero Alejandra se lo impidió, pues estaba acurrucada en su pecho, ella se había acercado a él buscando protección, pues se sentía como una niña desprotegida.

Una gran tristeza invadió el corazón de Juan, cuando miro el rostro de la joven, fue así como el realmente pudo ver los estragos y marcas que le habían dejado aquellos tipos. Debido a los golpes, tenía el pómulo derecho hinchado, tanto que tenia cerrado el ojo por la hinchazón, los labios cortados por los golpes, la nariz fracturada, marcas de mordidas alrededor de su cuello, moretones en sus brazos; los codos y las rodillas raspadas, la sangre reseca aun continuaba en su cuerpo. Juan al mirarla apretó las quijadas y lloro una vez más.

Levanto los ojos al cielo preguntándole a Dios >> ¿Por qué? … ¿Porque hay seres humanos tan crueles, más crueles aun que los mismos animales?<<

Juan recordó un proverbio de la Biblia que dice:

<<Hay caminos en que al hombre le parecen caminos de bien, pero son caminos de muerte>>

Y en otra parte de la Biblia Dios, dice en su palabra: *<<Mía es la venganza, yo daré el pago>>*

Juan, le pidió a Dios, que ese tipo de personas recibieran su castigo, esos criminales no podían andar por ahí destrozando vidas así como si nada.

Cuando todos se despertaron y miraron el aspecto de la joven, sintieron dentro de sí, los mismos sentimientos que Juan; el que fuera el bello rostro de la joven, ahora estaba marcado por la brutal golpiza que recibiera una noche anterior, el brillo de sus ojos se había apagado por la tristeza que la embargaba, la alegría de ella ya no existía más. Qué acto tan *cobarde* fue el que cometieron esos hombres, si es que se les pudiera llamar hombres

-Vamos adentrarnos más en la barranca -sugirió el guía, cerca de aquí está la carretera y no sea que la migra nos vea desde allá arriba.

Obedeciendo todos se adentraron unos 100 metros, en la barranca. Caprichosamente parecía que el tiempo caminaba más despacio. Los rayos solares calentaban cada vez más la tierra.

De vez en cuando probaban bocado, la única que no comía ni bebía nada era la joven.

Marcos se le acerco y le dijo:- tienes que comer algo mija, estamos en el peor lugar de los Estados Unidos de Norte América, estamos en el *desierto* de Arizona, no comer o beber nada podría ser fatal para ti.

Pero Alejandra, no respondía nada, su mirada se perdía entre la escasa vegetación del desierto. Después de varios intentos ella acepto un paquetito de galletas y una botella de jugo, que cariñosamente le ofreció Marcos.

El tiempo seguía pasando con su lento caminar, la tarde cedió su lugar a la noche y esta poco a poco, fue cubriendo con su manto negro a aquel lugar que por donde quiera que se le mirara no tenia fin. Quince minutos antes de las 2:00 A.M. el guía los despertó a todos y se acercaron a la carretera para que los levantaran. Justo a las 2:00A.M. Llego al lugar una camioneta seguida por un auto compacto. Después de darle unas instrucciones al conductor, los dos autos se pusieron en marcha.

Todos en cierta forma sintieron un poco de alivio, pues ya no estaban en el desierto. Poco a poco fueron avanzando, minutos después el chofer tomo la interestatal 10, con dirección a *Phoenix,* primero pasaron la ciudad de Tucson y después Casa Grande; la camioneta siguió avanzando y paso el *"área de descanso"*.

Todos iban agazapados en el piso de la camioneta. Uno de los hermanos enderezo la cabeza y después en voz baja le dijo a su hermano:- el chofer viene tomando cerveza.

-¿Estás seguro? -Le pregunto su hermano.

-Si -respondió el joven, -vi cuando le tomaba a la botella de la cerveza, ojala que todo salga bien-añadió el joven.

Aun no amanecía cuando la camioneta se adentro en la ciudad de Phoenix, dejando atrás las ciudades de Queen, Creek, Mesa y Tempe. El chofer observo que un letrero le anunciaba la intercesión con la interestatal (I) 17 rumbo al Norte.

Debido a la velocidad con la que el chofer tomo la curva las gomas de la camioneta golpearon el asfalto provocando a si un rechinido y por poco el chofer perdía el control de la camioneta. Después de varios intentos por fin pudo controlarla. Rato después el conductor miro por el espejo retrovisor y miro que una patrulla con las luces de su torreta parpadeando le seguía a cierta distancia.

-¡Oh no! –Dijo el chofer entre maldiciones -ya nos cayó la tira.

Al chofer le pareció raro que el auto patrulla no se les ha cercará y les pidiese que se orillaran. Siguieron avanzando. El conductor por su experiencia, tenía el presentimiento de que si la patrulla no se había acercado aun, era porque esperaba refuerzos. Y el chofer no se equivoco pues otro auto patrulla se unió al que ya los seguía.

Un letrero anunciaba la próxima salida, la avenida >>*Bethany Home*<< El conductor viro bruscamente para salirse del la auto pista. El movimiento fue tan brusco, que dentro de la camioneta se golpeaban unos contra otros. El conductor al ver a las dos patrullas ya muy cerca de ellos, y escuchando por el altavoz que le pedían que se detuviera, decidió entrar en un complejo de apartamentos, la camioneta redujo su velocidad y el hombre que conducía, de un salto la abandono a su suerte, y comenzó a correr para huir de la policía. La camioneta detuvo su marcha al parapetarse contra los autos que estaban estacionados. Uno de los oficiales corrió detrás del chofer para tratar de agarrarlo, mientras que el otro oficial se quedo cuidando la camioneta. Dentro de esta misma el temor y la incertidumbre se comenzaron apoderar de sus ocupantes. Vilmer, intento salir corriendo de la camioneta, pero don Marcos, se lo impidió.

-¡No! No te atrevas.

Don Marcos ya había venido en otras ocasiones a los Estados Unidos y conocía el procedimiento de la policía

-Pero don Marcos -replico Vilmer -ya estamos en la ciudad y si me les logro escapar ya la hice, yo no quiero que me regresen a Honduras.

-Ni te atrevas a salir de la camioneta -dijo Marcos -tú no puedes salir hasta que ellos o el te lo pida, quizá el ya este con pistola en mano, y si sales corriendo el puede confundir que lo vas a atacar o algo, y te puede disparar.

-¿Crees que dispare? –pregunto Vilmer.

-No lo sé, pero ellos sacan el arma para su propia defensa, no sea que por confiados los agarren desprevenidos.

-Déjame ver - dijo Marcos.

Marcos se asomo por el vidrio trasero y en efecto, el oficial ya tenía el arma en su mano. El oficial comenzó a hablar por el altavoz de la patrulla, palabras que no entendían pues el oficial hablaba en inglés.

-Usted que habla un poco de inglés ¿Qué es lo que dicen? –pregunto Juan.

-Quiere que nos bajemos de la camioneta, el ya se dio cuenta que estamos adentro, –respondió Marcos.

-Tengo miedo -dijo Alejandra, y se aferro al brazo de Juan.

-No te preocupes, no creo que ellos nos hagan daño -dijo Juan, y cariñosamente le dio un beso en la frente, como tratando de transmitirle seguridad y protección. Aunque realmente ni él sabía lo que iba a suceder.

Uno por uno se fueron bajando de la camioneta y sin poder entenderse bien con el oficial, se sentaron en la guarnición de la banqueta. Minutos después regreso el oficial que había salido corriendo detrás del chofer, que se escabullo entre los apartamentos y no lo pudieron capturar.

El oficial era de descendencia hispana y en un perfecto español los comenzó a interrogar. Después de algunas preguntas y por la apariencia de ellos, el oficial se dios cuenta que eran *ilegales*. Todos llevaban los zapatos rotos, sus ropas desgarradas, moretones y rasguños por todo el cuerpo y llenos de tierra.

Uno de los oficiales se dirigió a su patrulla y después de llamar por su radio regreso junto a ellos.

Una gran desilusión se dibujo en el rostro de todos al darse cuenta que llego al lugar, una camioneta tipo van, con un emblema en su puerta que decía *"Servicio de Naturalización e Inmigración"*. Se bajo un hombre vestido de verde con un escudo en su hombro que decía *"Border Patrol"* (patrulla fronteriza).

Abordaron la van con la frustración reflejada en su semblante. Mientras iban rumbo a las oficinas de *inmigración,* se enteraron que el oficial de la policía, había detenido a la camioneta, porque una noche anterior la habían reportado como robada. Minutos después llegaron a las oficinas de inmigración, que están ubicadas en *"Casa Grande, Arizona"*.

Entraron a la oficina y un oficial les comenzó a pedir sus datos, la ultima en pasar fue Alejandra, Juan, se dio cuenta que en la cara del oficial, se reflejo la tristeza y compasión al mirar el rostro demacrado por los golpes recibidos poco tiempo atrás.

-¿Cómo te llamas? –pregunto con suavidad el oficial.

Alejandra, con la mirada perdida entre las computadoras y los papeles y con la voz entre cortada le dijo su nombre:- Ale…jandra.

-¿Cuáles son los nombres de tus padres? -volvió a preguntar el oficial.

-Pero Alejandra no contesto, su mente continuaba divagando en otra dimensión.

El oficial volvió a preguntar- ¿Cuáles son los nombres de tus padres?

-¿Te sucede algo, necesitas ayuda? -Pregunto el oficial, al no obtener respuesta de Alejandra.

Don Marcos, se acerco al oficial de inmigración y a grandes rasgos le conto la bajeza de la cual la joven había sido víctima. El oficial al escuchar lo sucedido, apretó con fuerza el bolígrafo que sostenía en sus manos. En las facciones del oficial, se pudo notar que al igual que los demás del grupo, la tristeza, indignación, coraje, y frustración, a la misma vez, pues él en ese como en otros muchos casos, no podía hacer nada. Tanto la policía de México, como el servicio de inmigración de los Estados Unidos, no pueden controlar a los delincuentes que se dedican a asaltar o en ese caso a abusar sexualmente de las mujeres, que lo dejan todo en su pueblo, arriesgándolo todo...absolutamente todo.... *Por una vida mejor.*

El oficial se levanto de su asiento y se dirigió hacia una pequeña oficina. Minutos después, salió seguido por una mujer, una oficial de inmigración. Esta tomo de la mano de Alejandra, y se la llevo para interrogarla en otra oficina. El oficial había llamado a su compañera, pues pensó que la joven se sentiría mas en confianza con ella, y asi sucedió, Alejandra, le contesto todas sus preguntas, una vez que los oficiales revisaron el historial de cada uno de ellos, y al comprobar que ninguno de ellos tenía historial delictivo, los condujeron hacia un cuarto, para que esperaran hasta ser llevados a la frontera con México.

Varias horas después, un oficial les dio de comer. En el cuarto había unas cuarenta personas aproximadamente. Minutos después otro oficial, con una libreta en su mano los comenzó a llamar nombre por nombre. Los que estaban en ese cuarto, uno por uno abordaron un autobús, mientras salían, Juan, volteo hacia otro cuarto desde donde Vilmer el joven Hondureño. Este les hacia adiós con la mano, Juan miro como al joven lo comenzaron a traicionar las lagrimas, el esperaría más tiempo hasta ser deportado hasta su país natal, Honduras. El joven aun continuaba con el parpado hinchado, por el golpe que recibiera al tratar de defender a la joven. La ultima en salir fue Alejandra, ella al igual que sus compañeros volteo a ver a Vilmer.

Y este a través de la ventana le dijo adiós y ella le correspondió a la despedida. Mientras la joven abordaba el autobús, la mujer oficial se acerco a su compañero y él le dijo: -¡Pobre mujer, si que le fue mal! A veces hasta me dan *lastima* estas pobres personas, lo dejan todo en su pueblo, para poder venir para acá, y muchas veces en su camino, se encuentran con muchos peligros, e incluso muchos de ellos pierden hasta la vida.

Su compañero solo le respondió encogiendo los hombres, como queriendo decir que desafortunadamente ellos no podían hacer nada.

-¡Pobre mujer! -volvió a decir la oficial -va a necesitar mucho la ayuda de un psicólogo, quedo muy mal psicológicamente.

Pero lo que la oficial no sabía, es que esas heridas, no las puede curar el mejor psicólogo del mundo. Alejandra, era muy creyente en Dios, y ella sabía que solo Jesucristo, el Hijo de Dios, que solo Él y nadie más podía curar sus heridas, pues las llevaba en el alma no en la mente.

El autobús se puso en marcha rumbo a la frontera. Después de hacer una parada en Tucson, para levantar a más personas llegaron a la ciudad de Nogales, Sonora. Ya casi amanecía cuando llegaron. Uno a uno fueron tomando sus pocas pertenencias. Después de ponerse de acuerdo; Alejandra, Oscar, Juan y los dos hermanos, tomaron un taxi, para que los llevaran a la central de autobuses. Tanto Alejandra, como los hermanos decidieron regresarse a su pueblo. Los primeros en salir fueron los jóvenes rumbo a Puebla.

Oscar y Juan, decidieron esperar hasta que la joven tomara el autobús rumbo a su ciudad natal, Guadalajara, Jalisco. Los tres se acomodaron en las incomodas bancas en la sala de espera y quedaron vencidos por sueño.

Dos horas después los despertó el vendedor de boletos, avisándoles que el autobús rumbo a Guadalajara, estaba listo para ser abordado. La joven abordo el autobús, tomo asiento y corrió la pequeña cortina que cubría la ventanilla y con los ojos llenos de lágrimas les dijo adiós, haciendo una señal con la mano. Juan no perdió de vista el autobús sino hasta que este se fue haciendo pequeño y se perdió en el fondo de la calle.

-¿Listo para otro intento o te vas a rajar? -Dijo Oscar, al mismo tiempo que le ofrecía una torta a Juan.

-Pues vamos a intentarle -Le respondió Juan -yo no me rajo.

Juntos tomaron un autobús rumbo a Altar, Sonora.

2

Después de ponerse en contacto con el hombre que se encargaría de cruzarlos por el desierto, se hospedaron en el hotel que este les indico.

Al siguiente día abordaron un viejo autobús, que los llevaría lo más cerca del *alambrado* que se pudiera, alambrado que se divide a México de los Estados Unidos. Ahí se reunieron, con otras ocho personas, más el hombre que está encargado de cruzarlos por el desierto del sur de Arizona.

El grupo estaba compuesto por un matrimonio aparentemente joven, dos hombres salvadoreños, un guatemalteco, y el resto venia de diferentes partes de México.

Tomaron las provisiones que el guía les ofreció y esperaron a que llegara la noche. Cuando Oscar, miro a la mujer, le lanzo una mirada a Juan y este se la correspondió y ambos recordaron lo que había pasado con la mujer que los acompañara en el grupo anterior.

Juan levanto los ojos al cielo y le pidió a Dios, que no se encontraran con los mismos criminales de la vez anterior. Pero lo que Juan, no sabía es que iba a presenciar una escena mucho, mucho más *estremecedora,* que la violación a Alejandra

El guía les dio la orden y con una *mochila* en los hombros todos comenzaron a caminar y se fueron perdiendo en la profunda oscuridad de la noche. La primera noche paso sin contratiempos según lo que les dijo el guia, si iban a buen paso solo tendrían que caminar tres noches.

Escondidos entre un barranco, esperaron a que el día pasara con su lento caminar, se llego la noche y esta volvió a pasar sin novedad; llegaron a otro barranco casi al amanecer y todos cayeron rendidos de cansancio.

Era un poco más de medio día, cuando Juan, se despertó para ir al baño, se fue atrás de unos arbustos y cuando se disponía a hacer sus necesidades, pego un gran salto seguido de un grito. A poco menos de de un metro de él, estaba enroscada un víbora de cascabel, lista para defenderse, pues Juan había llegado como un intruso al lugar en donde ella estaba tomando el sol.

-Me lleva -dijo Juan- primero criminales, soportar el calor, espinas, caídas en zanjas y barranquillos, ahora tenemos que batallar con estas horribles cosas.

Juan, tomo una piedra y se dispuso a matarla.

-No la mates -dijo el guía que se había acercado detrás de Juan- si no la atacas, ella se va a ir solita.

-Me dan mucho miedo -acepto Juan, un poco tembloroso, pues en efecto a Juan le daban pavor las víboras.

La víbora comenzó a huir de ellos.

- Ya vez te lo dije, si no les haces nada, ellas no te atacan, esta solo salió a broncearse -dijo el guía en tono de broma.

-¿Hay muchas de estas por aquí en el desierto? – pregunto Juan.

-Muchas -respondió el guía un poco sonriente, hay muchas, pero no te preocupes mientras te fijes por donde caminas y en donde te sientas no te hacen nada, solo salen de día, como es temporada de calor, salen a calentarse y como nosotros solo caminamos de noche, va a ser muy raro que encontraremos una en el camino, y además de eso como somos varios se espantan por el ruido.

Fue tanto el susto para Juan que se le espantaron las ganas de hacer del baño. Se llego la noche y el guia les dio unas instrucciones y les dijo tratando de darles ánimo: –vamos por el último estirón, primeramente Dios, parece que todo va a salir bien.

Para ese tiempo, ya todos habían hecho buena amistad y se habían contado las anécdotas que habían vivido hasta ese día.

Después de haber caminado varias horas, el guía les dijo -ya llegamos espérenme aquí voy a revisar si no hay ningún problema.

Varios minutos después regreso el guía y les expreso: -parece que todo va a salir bien, ahí hay varias personas esperando que las levanten.

-Son las dos de la madrugada, a las cuatro nos van a venir a levantar, -dijo el guía después de mirar su reloj.

Todo el grupo se acomodo para esperar a que los levantaran. Paso como una hora y uno de los jóvenes salvadoreños, se acerco al guía y despertándolo le dijo:- ¿Qué son aquellos lucecitas que se mueven por allá?

-El guia se enderezo un poco y dijo entre maldiciones - ¡Oh no! es la migra.

-¿Estás seguro? –volvió a preguntar el joven.

-Si -contesto el guía.

Los despertó a todos y moviéndose despacito, se adentraron en la barranca y poco a poco la fueron abandonando.

Detrás de ellos se comenzaron a escuchar los gritos de los oficiales:

-¡No se muevan!... ¡Somos inmigración!

Las lucecitas rojas, que vio entre la obscuridad el joven salvadoreño, eran las luces de los radios de los oficiales.

Dentro de la barranca se formo un escándalo, algunas personas gritaban y otras salían corriendo. Juan, y el resto del grupo se escondían detrás de uno arbustos.

Una vez que los oficiales de inmigración sacaron a todas las personas de la barranca, se acercaron dos camionetas tipo Van, los oficiales alumbraron con los faros delanteros a las personas y se dieron cuenta que entre ellos iban mujeres embarazadas, niños, ancianos y ancianas.

Como las personas que detuvieron eran demasiadas, tuvieron que llamar a refuerzos con más camionetas. Ya iba amaneciendo cuando llegaron al lugar otras tres patrullas; los oficiales antes de subir a las personas a las camionetas, les repartieron unas galletas, jugos, agua, y fruta.

Juan, se acerco al guia y le dijo un poco sorprendido, yo creí que los migras eran malos y que maltrataban a la gente.

-Algunos -respondió el guía,- yo gracias a Dios, no me encontrado a ninguno de esos, muchos cuando se sienten atacados se defienden pero ya viste a estos, hasta le dieron de comer a esa pobre gente.

-¿Y ahora que vamos a hacer? -Pregunto Juan, al ver que se alejaban las patrullas de inmigración.

-Pues más adelante hay otro lugar en que nos pueden levantar -respondió el guía. Esto ya se puso caliente, en este levantón no se va a parar nadie en varios días.

-¿Y qué tan lejos está? -volvió a preguntar Oscar.

-Pues, un poco lejos, tendríamos que caminar otras dos noches y un día.

-Pero ya no tenemos agua, ni comida, todo lo dejamos en la barranca cuando salimos corriendo- añadió la mujer del grupo llamada Olivia.

-¿Todos se animan a caminar? –pregunto el guía.

Todos contestaron que sí.

- Pues ya estamos aquí -añadió uno de los jóvenes salvadoreños, llamado Isai, ya llevamos un poco más de cuatro semanas desde que salimos del Salvador; hemos vivido muchas cosas, que no nos vamos a rajar por esto.

-Y no solo eso -inquirió el otro joven llamado Martí- venimos huyendo de la pobreza, la miseria, la corrupción y de las pandillas, y además de eso no nos podemos dar el lujo de que nos agarre la migra, al menos no tan fácil, para nosotros no es tan fácil como para los mexicanos, que hoy los echan para afuera y mañana le vuelvan a intentar, para nosotros no es tan fácil, venimos dispuestos a pasar al otro lado… aun asi dejemos la vida en este desierto.

El hombre procedente de Guatemala, estuvo de acuerdo con ellos, que para las personas de Centro y Sur América, es mucho más dificil llegar a los Estados Unidos. Aunque en realidad para nadie es *(tan fácil)* y eso lo comprobarían por ellos mismos.

-Bien -dijo el guía al ver que todos se animaron a caminar.- ¿Quién me acompaña? Voy a buscar comida a la barranca.

Raúl y el esposo de la mujer llamado Julio, procedentes de Pachuca, Hidalgo, lo acompañaron. Rato después regresaron con comida enlatada, agua y algunos cambios de ropa. Después de comer y descansar un poco, reiniciaron su penoso caminar por aquel desierto traicionero.

Caminaron el resto del día y parte de la noche. Al día siguiente volvieron a caminar y ya entrada la madrugada encontraron una barranca para descansar, un profundo sueño los invadió. Para ese entonces, el agua y la comida se les iban escaseando. Ya estaba muy entrada la mañana, cuando todos se despertaron, algunos no habían podido dormir bien pues el aullido de los coyotes los había perseguido toda la noche.

Raúl, se levanto de su lugar y se retiro un poco para hacer sus necesidades, cuando de repente de su garganta salió un alarido muy lastimoso.

-¡No!... ¡No!.... ¡No puede ser!

Cuando escucharon los gritos, todos corrieron hacia donde estaba Raúl, cuando todos llegaron, Raúl estaba sobre sus rodillas y con lágrimas en los ojos.

-¿Qué pasa, te sucedió algo? –preguntaban todos angustiados.

-¡No, a mi no! –respondió Raúl.

-¿Entonces por qué gritaste? Además estas llorando.

-¡Ahí!... ¡Ahí! -respondió Raúl, al mismo tiempo que señalaba con la mano.

Todos caminaron, unos metros y dando vuelta en un recodo, y casi todos al mismo tiempo gritaron:

-¡Oh no! Y en el rostro de ellos se dibujo la tristeza, y el desaliento. El último en llegar fue Oscar y como los demás, comenzó a gritar.

-¡No!.. ¡No!... ¿Por qué? ¿Por qué?

Al fondo de la barranca estaba una persona tirada en el suelo boca abajo, por sus ropas se dieron cuenta que era una mujer, parte de su cuerpo estaba destrozado y desgarrado, quizá las fieras que habitan en el desierto, se la habían intentado comer. Un olor fétido llego hasta el grupo, por el olor se dieron cuenta que la mujer ya llevaba varios días de muerta. El rostro de todos estaba desconsolado, la mayoría de ellos seguían sin contener las lágrimas. El guía se paso al otro lado de la mujer y vio que debajo de ella había un bulto, parecía que la mujer presionaba el bulto contra su corazón. El guía con su mano acomodo a la mujer, para ver que contenía el bulto, lo que vieron era algo que se iba a quedar grabado en su mente, en su corazón, en su alma. Lo que la mujer, tenía en sus brazos, era un *"bebe"* de unos doce o catorce meses de nacido, al igual que su madre, en su cuerpecito se podían notar las marcas del estado de descomposición de su carne y piel. Hasta ese momento la única que no había llorado era Olivia, pero al ver aquella escena cayó de rodillas y comenzó a llorar amargamente, el llanto de ella era muy lastimoso y desgarrador, pues ella como madre sabia lo terrible que debió haber sido para aquella mujer morir con su bebe entre sus brazos.

El rostro de los dos estaba irreconocible. Por su estado ambos tenían las cuencas de los ojos, como profundas cuevas y sus labios partidos y morados.

Juan, levanto los ojos al cielo, y le pregunto a Dios:

-¿Qué mas Señor, que mas tengo que vivir o presenciar, antes de llegar a los Estados Unidos? Y eso es si no me quedo en medio el desierto, como esta pobre mujer y su pequeño hijo.

Oscar, se acerco a Juan, y suavemente le toco el hombro, tanto Oscar como Juan ya habían presenciado dos terribles escenas, esta, la de la mujer y su pobre bebe y la violación de Alejandra.

-La mujer murió por la mordedura de una víbora -dijo el guía.

-¿Cómo lo sabe? –Pregunto Olivia, aun con lágrimas en los ojos.

El guía señalo la pierna de la mujer y como a una cuarta de mano, arriba de su talón la mujer tenía unos orificios.

-Y además de eso, añadió el guía; allá esta una víbora de cascabel muerta.

Olivia tomo una piedra y se la ha sorrajó con coraje al cuerpo inerte de la víbora al mismo tiempo que gritaba:-¡Miserable animal! – en su voz se podía notar la frustración y rabia que sentía.

Todos la miraron y entendieron la actitud de ella. Tal vez la mujer, después de haber matado a la víbora cogió entre sus brazos a su pequeño hijo, consciente del inminente futuro que les esperaba… *Una muerte segura.*

Ahí estaban los dos cuerpos en medio de la nada.

¿Y por que habrá estado sola aquí? – pregunto.

El guía después de limpiarse el sudor con una pañoleta dijo:- no se… tal vez se perdió o tal vez la abandonaron, que se yo, el problema es que el gobierno americano está cerrando los caminos fáciles y cortos y por eso cada vez tenemos que caminar mas y mas; antes solo caminábamos una noche pero ahora son dos, o tres o hasta cuatro, o como nosotros que ya llevamos mas, y la verdad esta no es la primera persona muerta que me encuentro en el camino. Cada vez la pasada se pone más y más dificil.

-¿Y la vamos a reportar?

-¿Y cómo? Dijo el guía -¿Cómo? No tenemos teléfono celular, por aquí no hay ni una casa no al menos a cuatro o cinco millas a la redonda, y tampoco podemos enterrarlos, desafortunadamente no podemos hacer nada.

Se formo un gran silencio, el silencio era tan pesado que se podía respirar la desolación que había en aquel lugar. Después de hacer una pequeña oración, todos se dispusieron a caminar; Juan, fue el último en dejar el lugar, no podía dejar de mirar la escena, escena que se quedaría grabada en la mente de todo el grupo. Ahí estaba la mujer con su bebe en brazos, a Juan le pareció como si la pobre mujer le cumpliera una promesa a su hijo, promesa que tal vez le hizo, de que ella, no hace mucho lo trajo al mundo y que estaría con el… *hasta su muerte.*

Esta mujer y su hijo jamás aparecían en las estadísticas, que tienen tanto el gobierno Americano, como el mexicano, estadísticas que tienen de los cientos o miles de personas que han muerto al cruzar el desierto y o en el rio por tratar de llegar a los Estados Unidos…<<*Todo por una vida mejor*>>.

Esta mujer y su hijo se quedaron ahí en el desierto tirados…como si fuesen animales.

Caminaron por el espacio de dos horas y tomaron un descanso, el silencio a un reinaba entre ellos, en el semblante de todos se notaba la tristeza por el duro impacto que recibieron al encontrarse con la mujer y su hijo, muertos.

Todos se quedaron profundamente dormidos. Minutos después de lo más profundo de su ser, Olivia soltó un grito.

-¿Qué pasa? -Le pregunto su esposo, un poco asustado.

Olivia, se refugió en sus brazos y comenzó a llorar.

-¿Qué te pasa? –Le volvió a preguntar.

Sin responderle ella continuaba sollozando, su esposo comenzó a buscar a su alrededor, como buscando a algún animal que posiblemente la hubiese mordido.

Todos se acercaron a ella y le preguntaron qué había sucedido.

Mientras su esposo le limpiaba las lágrimas ella dijo:- soñé con esa pobre mujer y su bebe, soñé que ella me hablaba pero no le entendía lo que decía, también soñé como su cara se llenaba de tristeza, frustración, de impotencia. No puedo describir las facciones de esa mujer al darse, cuenta que ella iba a morir y que su inocente bebe iba a correr la misma suerte, fue algo terrible, yo jamás quisiera estar en el lugar o en la misma situación que esa pobre mujer, sería algo horrible saber que yo voy a morir y que uno de mis hijos también- expresaba Olivia sin dejar de llorar.

-No te preocupes todo va a salir bien -dijo su esposo tratando de calmarla, con la ayuda de Dios, todo va a salir bien.

Todos miraban a Olivia y trataban de entender de la forma en que ella se sentía, todo el grupo sentía un nudo en la garganta y nadie atinaba a decir nada.

Algún tiempo después volvieron a emprender su caminata. Cayó la tarde y cedió su lugar a la noche, esta comenzó a envolverlos con su negro manto. Ya habían caminado bastante cuando de repente todos sintieron como si la tierra se desapareciera debajo de sus pies, comenzaron a caer golpeándose con las piedras que sobresalían, todos fueron a parar al fondo de una gran hondonada, todos gritaban al golpearse, pero un grito sobresalió más que los demás, fue un grito lleno de dolor, el guía extrajo una lámpara de mano y comenzó a preguntarles: >>¿Si estaban bien?<< Hasta que llego con un hombre llamado Ismael, procedente de Sinaloa, México.

-¿Estás bien? –pregunto el guía.

-¡No! -contesto Ismael, mientras que en su rostro se podía reflejar el dolor que sentía -me duele mucho mi pie y aquí por las costillas.

Raúl, el hombre de Guatemala, tenia conocimientos médicos, se acerco a Ismael y le levanto su camiseta y este se dio cuenta que tenía dos costillas sumidas en su costado izquierdo, las cuales presionaban su pulmón y eso le dificultaba su respirar; le removió los tenis y su calcetas y al revisarle su pie se dio cuenta que tenia fracturado el tobillo de su pie derecho.

¿Está muy mal? -pregunto el guía.

-Sí, le respondió Raúl -no creo que pueda apoyar el pie para que camine y también tiene dos costillas sumidas.

-¡Rayos! -dijo el guía, con un gesto de molestia y enfado- solo esto nos faltaba.

Ismael, recordó que el guia, cuando se encontraron a la mujer con su bebe muertos, había dicho *"tal vez se perdió o la abandonaron"*

-¡Yo no me quiero quedar aquí! –Grito Ismael - ¡Por favor no me vayan a abandonar aquí, yo no me quiero morir!... ¡Por favor no me vayan a dejar! -decía Ismael muy angustiado, de solo pensar que lo abandonaran a su suerte y que tuviera el mismo final que la mujer que encontraron en el desierto.

-¡Hey! ¡Hey cálmate! -dijo el guía al darse cuenta de su desesperación,- nadie te va a abandonar, hasta ahorita nadie se me ha quedado en el desierto, ni jamás he abandonado a alguien y tu no vas a ser el primero ¿entendido?

Ismael, se calmo un poco al escuchar las palabras del guía, mientras que el dolor seguía lacerando su cuerpo.

-Si te quedas tú -dijo uno de los jóvenes salvadoreños -si te quedas tú, nos quedamos todos.

-Si- dijeron todos- aunque sea cargando pero te sacamos de este horrible desierto.

Como pudieron sacaron a Ismael, de aquella hondonada y después de descansar un poco siguieron su marcha. Todos se turnaban para cargarlo, aunque él era un hombre corpulento, eso no importaba pues nadie se iba a rajar en ayudarle. Mientras ellos avanzaban, el tiempo hacia lo mismo con la noche y esta comenzó a desaparecer ante la inminente llegada del día. El grupo fatigado por la caminata y el peso de Ismael, se dispuso a descansar bajo unos pequeños arbustos hasta quedar dormidos. Los despertó un rechinido, producto de las llantas de un auto que golpearon contra el asfalto, seguido de un fuerte sonido producido por la bocina del auto. El guía se despertó y se asomo de entre los arbustos, y miro como a lo lejos se perdía de vista un automóvil.

-¿Qué paso? -pregunto Raúl.

-Estamos cerca de una carretera -respondió el guía.

-¿Es la carretera que buscamos? –volvió a preguntar Raúl.

-¡No! -dijo el guía, la que tenemos que encontrar es la que está más cerca de *Tucson, Arizona.*

-¿Por aquí, pasan muchos carros? –pregunto Ismael, aun quejándose del dolor.

-No, no muchos -dijo el guía -por aquí, por esta carretera pasan varias camionetas de migración.

¿Y por qué no me dejas aquí? –dijo Ismael, yo asi como estoy nada mas soy un estorbo y además de eso, por mi culpa ustedes avanzan muy despacio.

-Yo no te voy a dejar aquí -dijo el guía con firmeza.- Te dijimos que si te quedas tu, nos quedamos todos.

-Pero yo no me refiero a que me abandones -inquirió Ismael- si no que me acerques a la carretera y ahí que me levante la migra, yo no puedo llegar asi a los Estados Unidos, no voy a poder trabajar, mejor me regreso a Sinaloa, me repongo y después le vuelvo a intentar.

-¿Estás seguro? –pregunto el guía aun dudoso de lo que él quería hacer.

-Nosotros nos podemos quedar con el -dijo Julio-, mi esposa y yo decidimos ya no seguir, ya que esta cerca la carretera, podemos aprovechar para que nos levante migración.

-¿Están seguros que quieren quedarse con él? -inquirió el guía.

-Si -dijo Julio con firmeza -ya hemos batallado bastante, además la escena que presenciamos de la mujer y su bebe, fue un impacto muy grande para mi esposa. Nosotros tenemos dos hijos y una hija y todos están pequeños, y en realidad nosotros no tenemos mucha necesidad de venir al norte, queríamos juntar dinero para agrandar nuestro negocio, pero no creo valga la pena arriesgarlo todo, incluso hasta la vida… por un *puñado* de dólares.

-Quizá para algunos valga la pena dejar hasta la vida, en este horrible lugar como lo dijeron estos jóvenes centro americanos, pero para nosotros no… asi que mejor nos regresamos -añadió Olivia

-Está bien -dijo el guía, como ustedes decidan.

-¿Alguien más se quiere quedar con ellos?

Nadie dijo nada, el resto del grupo estaban dispuestos a seguir hasta donde llegaran.

Dejando la poco agua y comida que llevaban, Ismael, Olivia y Julio, ayudados por el guía se acercaron a la carretera. El guía se regreso hasta donde el grupo, a esperar hasta que los recogieran. Y por fin después de casi tres horas, se orillo una patrulla del sheriff. La patrulla se detuvo al darse cuenta que los tres le hacían señas para que se detuviera. Minutos después llego una patrulla de *"migración"* y les ofreció agua y algunas galletas. El oficial les pidió que abordaran la patrulla y esta se alejo seguida por el sheriff.

-Pues a caminar -dijo el guía -aun nos falta un buen tramo que recorrer.

Cargando con las pocas cosas que tenían, el grupo comenzó a caminar una vez más. Los potentes rayos del sol pronto comenzaron a hacer estragos en los cuerpos de los integrantes del grupo, poco a poco se comenzaban a desesperar, el agua se les iba agotando algunos ya sentían dolores musculares, dolores de cabeza, mareos, la visión se le iba entrecortando. Todo el grupo le rogaba a Dios, que llegara la noche… y por fin esta llego.

La noche refrescaba un poco y los dolores musculares de algunos aminoraban, al siguiente día el guía los despertó y se dio cuenta que el agua que tenían no era suficiente para un día de camino, pero el guía conocedor del terreno les dio ánimos.

-No se me a guiten -dijo el guía -detrás de aquella torre hay una poza, en donde toman agua las vacas y otros animales, esa es nuestra siguiente parada.

Todos miraron hacia donde el guía, apuntaba con su dedo y la torre relativamente no se veía tan lejos.

-¿Cómo cuantas horas tenemos que caminar? –pregunto Raúl, con su semblante ya un poco más confiado al escuchar que ahí encontrarían agua.

-Mmm, no sé, tal vez seis o siete -respondió el guía- pero les tengo otra cosa, como a tres horas de la torre, esta la carretera que buscamos, tal vez ahí podemos encontrar a alguien que nos pueda llevar a Phoenix, el problema es llegar a la torre- añadió el guia.

Levantándose todos se dirigieron a aquella torre de color blanco, con un gran depósito de agua en su cúspide. El llegar a aquella torre podía separarlos entre la vida y la muerte, pues mientras caminaban el reloj con su lento caminar consumía el tiempo, al mismo tiempo que el agua se les agotaba.

Caminaron como el espacio de dos horas ya sin agua ni comida, y el guia les sugirió que tomaran un descanso, para recuperar un poco de fuerzas. Se sentaron en círculo y se miraban el uno al otro. En sus rostros y mirada se notaba que en sus mentes cruzaba la misma pregunta: *¿Saldrían vivos de ese infierno? ¿Llegarían con vida a su destino o se los tragaría algún animal? ¿Morirían de sed, como ya cientos habían muerto? ¿Valía la pena arriesgar la vida... por un puñado de dólares? ¿En realidad vale la pena dejar algo tan maravilloso que Dios nos dio, como la vida...todo por una vida mejor? ¿Saldrían con vida de esa?* No lo sabían, lo que si sabían, era que para ellos si valía la pena dejarlo todo…por una vida mejor.

-Bien -dijo el guía vamos a buscar esa agua- inyectándoles positivismo.

Al escuchar eso, todo el grupo cambio su semblante y ya con un mejor ánimo se pusieron en marcha; todos llevaban la vista fija en aquella torre, esperando que el guía no les estuviera mintiendo. Después de recorrer casi tres millas, que parecían interminables, llegaron a un conjunto de arboles que rodeaban a una poza que efectivamente como había dicho el guía; servía como bebedero para los animales.

Para ellos, aquella poza con agua estancada era realmente como un oasis en medio de aquel desierto tan traicionero y mortal, que ya había cobrado miles de vidas y las que aun estaba por cobrar. Poco a poco todos comenzaron a sacar agua en sus botellas y galones. Usando sus ropas como colador, se dieron cuenta que en el agua, había pequeños gusanos, microbios, bacterias y restos de excremento de vaca.

Después de colar una y otra vez el agua, volvieron a sentir en sus gargantas, aquel líquido tan preciado, liquido que miles de ocasiones ha hecho la diferencia entre la vida y la muerte.

Llenaron sus botellas y galones y el guía dijo:- dentro de poco a va a empezar a obscurecer, yo sugeriría que pasáramos aquí la noche y ya mañana temprano nos acerquemos a la carretera

Buscando un lugar alejado de la poza, todos se dispusieron a descansar pues por la noche se acercan los animales a beber agua y algunos animales eran peligrosos.

Un joven llamado Iván, proveniente del Distrito Federal, México. Se alejo un poco de ellos, dispuesto a hacer sus necesidades, minutos después regreso gritando:- ¡Aleluya!.... ¡Miren lo que encontré!

-¿Qué es?.... –Preguntaron todos llenos de curiosidad.

Traía en sus manos tres mochilas.

¡Aquí hay comida! –Dijo Iván, gritando muy contento -¡Encontré comida!

Todos se acercaron a él y comenzaron a sacar comida de las mochilas, atún enlatado, maíz, frijoles, galletas y algunos dulces. La comida que encontraron, junto con el agua se convirtió en un verdadero manjar, pues hasta ese momento ya llevaban dos días sin comer nada, habían subsistido con la poco agua que se les había agotado horas antes

-¡Miren lo que encontré! –Dijo Iván entusiasmado- ven acá preciosa.

Todos lo miraron sorprendidos de lo que había dicho. Iván extrajo una botella de refresco de cola, Iván la acerco a su boca y le dio un beso, y expreso: -me la imagino bien fría, en un vaso con hielos, el vaso bien sudado y que las chispitas me entren en la nariz y que me lloren los ojos.

-¿Y de casualidad no quieres una nieve de limón? –Dijo el hombre llamado Roberto, proveniente de Cancún, Quintana Roo, México.

-No -respondió Iván, por ahorita con el refresco de cola me conformo.

Iván guardo la botella de refresco en su mochila y soltó una gran carcajada.

-¿Está loco? –Le pregunto Roberto - ¿O porque te ríes?

Iván, se puso de pie y dijo sin dejar de reírse:- Estoy aquí con ustedes perdidos a medio desierto, casi me muero de sed y hambre, encontré a dos personas muertas en medio de la nada. Ustedes y yo tenemos un futuro incierto, yo a la verdad no tenía necesidad de venir para el norte, mi padre tiene negocios en el D.F.

¿Entonces a que vienes al Norte? –Le pregunto Juan.

Aun con la sonrisa en sus labios le contesto:- conocí a una muchacha por internet y ella me propuso que si realmente la quería conocer, que me atreviera a venir a los Estados Unidos y que ella me daría una gran prueba de amor.

-¿Y al menos es bonita? –Le pregunto el guía.

-Yo creo que si -respondió Iván- me mando algunas fotos por internet y en las fotos se ve bonita.

-A lo mejor te mando las fotos de una amiga suya y tal vez ella es fea - dijo Juan, como burlándose de él.

-¿Si dices que tu padre tiene negocios por qué no sacaste tu pasaporte y la visa, para entrar a los Estados Unidos? –Le pregunto el guía.

Iván, de un resoplido soltó el aire que tenía en sus pulmones y dijo: -por necio, mi padre me dijo, que me esperara unos días más, pero por mi necedad decidí venirme de ilegal, yo decidí arriesgar mi vida por conocer a una mujer, pero muchos lo hacen como lo dijo Olivia… por un *puñado* de dólares o por una vida mejor.

Continuaron bromeando con el por un rato más acerca de que había conocido a la muchacha por el internet. Y Poco a poco la noche comenzó a llenar de obscuridad aquel inhóspito lugar.

Juan, boca arriba observaba las estrellas y los luceros, a él le parecían como mudos testigos de todo lo que acontecía por todo el mundo, testigos de muertes, de nuevos nacimientos, de desgracias y de buena fortuna, de carencias y de excesos. De pronto llego a su mente los recuerdos de su madre, su hermana y su novia. Juan saco una fotografía y la coloco sobre su pecho.

¿En qué piensas? -Le pregunto Oscar, espantándole los recuerdos.

-En mi familia -respondió Juan, al mismo tiempo que soltaba un gran suspiro.- Me pregunto ¿Qué estará pensando mi madre o que está sintiendo al no tener noticias de mi? Tal vez este preocupada.

-Pues no lo dudes -dijo Oscar, ya llevamos bastantes días y no vemos para cuando se acabe esto.

-Me pregunto ¿Qué estará pensando el esposo de la mujer que encontramos? –inquirió Juan.

Oscar, guardo silencio por unos segundos y dijo:- todo esto es muy triste hijo pero que le vamos a hacer, desafortunadamente la mala situación económica que hay en México y otros países, nos hace arriesgarlo todo. Unos dólares que mandes para México, hacen una gran diferencia.

-¿Y usted tiene hijos o hijas? –Le pregunto Juan.

-Dos hijas y un hijo -respondió Oscar, pero los tres ya están casados a la única que tengo que mantener es a mi esposa, pero ya vamos a dormirnos que se está haciendo tarde -sugirió Oscar.

Al día siguiente, el guía los despertó a todos, para comer un poco y volver a caminar; pasaron a un lado de la poza de agua, Iván se inclino y beso el lodo que estaba a la orilla de la poza.

-¿Qué haces?

Mientras Iván, sonreía les dijo:- apenas pase una noche con ella y ya siento que la amo, esta posita aunque llena de gusanos y excremento de vaca, me salvo la vida y ya siento que la amo.

Todos sonrieron al ver lo que Iván hacia, el buen sentido del humor de él, aunado con el buen ánimo que ya tenían todos al haber encontrado agua y comida, emprendieron el camino una vez más.

-Pues en ese caso yo también le amo- dijo uno de los jóvenes salvadoreños.

El guía volteo a mirar la poza llena de agua verde, estancada y llena de lama y pensó *"gracias a Dios, que aun tienes agua para seguir salvando vidas"*

El guía sabía que si en esa poza no encontraban agua, su destino sería fatal, *una muerte inminente,* bajo los potentes rayos del sol del desierto de Arizona.

EL grupo se dio cuenta que el guía si conocía el camino, pues solo caminaron unas cuatro horas y encontraron la carretera en la cual tratarían de conseguir un raite para que pudieran llegar a Phoenix. Después de batallar por un poco por fin, consiguieron a alguien que lo transportara para la ciudad.

Mientras iban en la camioneta todos sonreían y decían: <<No podemos creer, ayer por poco perdemos la vida en ese desierto, estuvimos a punto de morir de sed y ahora ya vamos rumbo a Phoenix>>.

El guía, le dijo la dirección al hombre que los llevaba y pronto llegaron a la ciudad de Mesa, Arizona, a una cuantas millas de Phoenix. Cuando pasaron por la ciudad de -Casa grande- Juan recordó de cuando él estuviera en las oficinas de inmigración, recordó a Alejandra y al joven hondureño.

Llegaron a la casa en donde normalmente el guía, llevaba a la gente que el cruzara, entraron a la casa y lo saludaron sus amigos muy contentos, pues ya los daban por perdidos o hasta muertos.

-Pues no -dijo el guía -aquí estamos vivitos y coleando, tuvimos que caminar un poco más de lo de siempre, porque el gobierno cada vez nos orilla a caminar más y más pues ya nos están cerrando las pasadas fáciles.

Mientras contaban sus anécdotas, uno a uno se fue comunicando con sus familias, avisándoles que gracias a Dios, ya habían llegado con bien a la ciudad. Entre todas las anécdotas la que más les impacto a los que estaban en la casa esperándolos, fue la de la mujer que estaba muerta con su bebe en brazos.

Al siguiente día, muy temprano, les dieron ropa y zapatos nuevos, para que pudieran ser llevados a su destino final; Juan, a San Francisco, Oscar a las Vegas, Nevada, los dos jóvenes Salvadoreños, a Atlanta, Georgia, el hombre de Guatemala, a Miami, Florida, Iván se dirigía a Denver, Colorado y Roberto a Albany, Nueva York.

Quizá hasta ese momento, ya habían pasado lo más difícil, aunque aun corrían cierto riesgo de que los detuvieran por el camino, pero el riesgo ya era mínimo. Todos serian transportados en automóvil.

Juan y Oscar, viajaron juntos en el mismo auto, dejaron a Oscar en las Vegas y después se dirigieron a San Francisco a dejar a Juan, el conductor iba con un amigo y ambos se dirigieron a los Ángeles, a visitar a sus familiares, después de dejar a Juan.

Juan, una vez ya instalado con sus amigos, les comenzó a contar que su travesía por el desierto, fue toda una *aventura,* aventura, que por poco le costaba la vida.

3

Ya habían pasado dos semanas y los amigos de Juan, aun no lo habían podido colocar en un trabajo y él se comenzaba a desesperar, pues no tenía nada de dinero. Un vecino de sus amigos lo invito a irse con él a trabajar en un campo agrícola, que está un poco más al Norte de Santa María, California. Ahí de seguro encontrarían trabajo pues ya comenzaba la *cosecha* de la fresa y de ahí seguirían otras frutas y verduras. Juan no teniendo otra alternativa acepto acompañar a su vecino. Ahí conoció a un hombre ya mayor de edad, llamado Pedro, de Oaxaca, México, y comenzó a hacer amistad con él.

-Bienvenido, le dijo don Pedro, a Juan -Bienvenido a uno de los trabajos más pesados de Norte América, (***a la cosecha).***

¿En realidad, es muy pesado este trabajo? –cuestiono Juan, como dudando de lo que Pedro decía.

-Ya lo vas a ver hijo, ya lo vas a ver.

Eran las seis de la mañana cuando llegaron a los campos cultivados de fresa.

-Pues a trabajar -dijo Pedro-, aquí nos pagan por lo que hacemos entre mas hagas mas te pagan.

Juan le entro al trabajo con entusiasmo, pero poco a poco empezó a sentir el rigor de trabajar en el campo, llevaba cuatro o cinco horas empinado recogiendo fresas cuando intento enderezarse y no pudo, pues, un fuerte dolor en la cintura se lo impidió. Lo volvió a intentar pero esta vez lo hizo poco a poco hasta que lo logro.

Pedro, lo miro y sonriendo le pregunto: -¿Qué, está cansado el trabajo?

Pues un poco -contesto Juan, poniéndose una mano en la cintura, para poder caminar bien.

-Vamos a almorzar -dijo Pedro- ya hace hambre.

Ambos se dirigieron al fondo del sembradío, para juntarse con las demás personas, Juan, se sorprendió de ver a las personas que trabajan en ese campo, había mujeres embarazadas, jovencitos y jovencitas, hombres mayores de edad, pero lo que le sorprendió mas fueron dos mujeres mayores de sesenta años de edad y ellas trabajaban a la par que los demás. Juan jamás pensó que en los Estados Unidos, encontraría mujeres de esa edad, trabajando y como lo había dicho don Pedro:....” *En uno de los trabajos más pesados... en el campo”.*

Juan, se acerco a Pedro y le dijo: -yo apenas llevo cinco horas trabajando aquí y estoy a punto de rajarme, y estas dos señoras andan como si nada.

Pedro, le mordió a su taco y sonriendo un poco le dijo:- Esto no es nada mijo, espérate a que llegue la coliflor.

-¿Y ese trabajo está más pesado?

-Te la voy a poner fácil -dijo Pedro -en la fresa y en otras frutas, es como si anduvieras de día de campo, en comparación con la coliflor.

-¡Tan pesado es! - Se quejo Juan.

-Ya lo veras hijo, ya lo veras.

Minutos después regresaron a trabajar y Juan, resintió aun más lo cansado, pues su cuerpo ya se había enfriado, se enderezo para estirarse, y se dio cuenta que las dos mujeres mayores de edad estaban en el surco de enfrente y miro que trabajaban tan rápido que parecía que sus manos volaban. Al final del día Juan, se acerco al capataz para obtener su recibo por lo que había hecho durante el día, su primer recibo fue de sesenta dólares y se puso contento, eran sus primeros dólares que ganaba en el Norte.

-¡Que!...-Expreso Juan, al darse cuenta que una de las mujeres llamada, Cecilia, había ganado cien dólares. *¡Wau! Volvió a pensar Juan, >>Yo creí que esa mujer no haría más de cincuenta dólares. <<*

Pero pronto se dio cuenta, que la mujer ya estaba acostumbrada al trabajo pesado.

Llegaron al apartamento, en donde Juan, había conseguido para vivir. Lo compartía con otras cinco personas, incluyendo a don Pedro.

Apenas y ceno algo y debido al cansancio cayó profundamente dormido.

Juan, intento estirar sus músculos, y de pronto sintió que sus tendones se encogían, y de un brinco se bajo del mullido sillón en el que estaba dormido; los quejidos de Juan, despertaron a Pedro.

-¿Qué pasa?

¡Me dio un calambre! -Exclamo Juan, sin dejar de quejarse.

Pedro se levanto y al mismo tiempo que encendía la luz le decía sonriente: -¿Querías Norte, no?... Pues ahora te amuelas.

Juan, se recostó sobre el sillón todo adolorido y le respondió: –pues sí, pero yo nunca pensé que fuera tan pesado este trabajo.

-Pues ya viste que si, y eso que es tu primer día.

Los siguientes días fueron casi iguales, después del trabajo y de cenar algo, apenas si tenían un poco de tiempo para mirar el televisor y enterarse de las noticias, de lo que ocurría en México, y alrededor mundo. Se llego el viernes y Juan, por fin tenía en sus manos los primeros dólares, producto de su trabajo, y de inmediato mando la primer remesa de dinero, a su madre, la cual se puso muy contenta, pues los dólares que mando Juan, hicieron una gran diferencia en su país, y no solo lo que mandara Juan, hacia esa diferencia, si no que ya sea en México, y Sur América, hay millones de personas que esperan con *ansias* los pocos o muchos dólares que mandan sus parientes desde los Estados Unidos.

Pasó el tiempo y Juan, se dio cuenta de algo y a la hora del almuerzo le pregunto a Pedro

-¿Oiga, don Pedro y porque casi no hay americanos trabajando aquí en el campo?

Pedro, dejo de comer y le dijo sonriendo:- ¿Cuántos americanos ves aquí en este campo?

Juan, se incorporo y después de echar un vistazo dijo: –pues yo solamente veo a cinco.

-¿Y quiénes son? –Le volvió a preguntar Pedro.

-Pues son el patrón, el capataz y los choferes de los camiones, respondió Juan.

-Pues, son los únicos que vas a ver trabajando en los campos. En los primeros años en que yo llegue a atrabajar, había más americanos pero ahora en este tiempo, ya ningún americano quiere trabajar en el campo y mucho menos por el sueldo mínimo- dijo Pedro, sin dejar de comer.

-Entonces, ¿Como esta eso de que nosotros venimos a quitarles el trabajo, a los americanos? –dijo Juan, al mismo tiempo que se rascaba la cabeza.

-Ja, -dijo Pedro, eso lo dicen los políticos allá en el gobierno, la gente acá afuera no dice nada. Los políticos son los que salen en la televisión y dicen cosas que realmente no saben, "Ves esta fresa" –Dijo Pedro-, bueno esta no porque me la voy a comer, pero te puedo asegurar que las primeras fresas que tú cortaste, ahorita están en la mesa o en el refrigerador de algún político, que sale y dice que nosotros les robamos el trabajo. A lo mejor ya hasta se comieron un pastel de fresa. Yo no sé en otros oficios hijo, pero aquí en el campo, nadie absolutamente nadie, ni siguiera el presidente de los Estados Unidos, puede venir y decirme que yo le estoy robando el trabajo a algún americano. El campo es para todos, el campo está abierto para todo aquel que quiera trabajar, pero no lo quieren hacer… y no los culpo -añadió Pedro- si un americano puede obtener un mejor trabajo, que bien, pero a mí no me pueden culpar de robarle el trabajo a alguien.

-Pues la verdad todo esto para mi es nuevo -dijo Juan- yo creí que si le estaba robando el trabajo a algún americano.

-Yo he trabajado por muchos años aquí en el campo. Los primeros años trabaje como tú, de ilegal, pero yo arregle mi situación legal, cuando el presidente -Ronald Reagan- tuvo compasión de nosotros y hubo una amnistía en 1986.

-Huy -dijo Juan, como burlándose, yo en ese tiempo todavía usaba pañales.

-Pues si mijo, todavía te falta mucho por vivir yo no sabré leer ni escribir pero conozco mucho de la vida y sé que por el sistema de los políticos de ahora, se avecinan tiempo difíciles para todos ¿Ves a todas esas personas incluyendo a las dos mujeres?

-Si -dijo Juan, ¿Pero que hay con ellas?

-Todas esas personas, siempre han trabajado en el campo, la mayoría de los que estamos aquí no sabemos leer ni escribir, lo único que sabemos hacer es… trabajar honradamente, nosotros no le venimos a robar el trabajo a nadie, nosotros hijo, los mexicanos o latinos ya sea ilegales o legales venimos a tomar los trabajos que muchos americanos no quieren *tomar.*

¿Cómo cuales? –pregunto Juan.

Pedro, después de saborear un vaso de refresco volvió a hablar:- Aquí tienes la prueba mijo, el campo es uno de esos trabajos, en los lugares más sucios de las empacadoras de carne, en los montes podando y plantando pinos a temperaturas que casi llegan a cero, en granjas, en restaurantes lavando cerros de platos y cazuelas, lavando carros, en fin mijo te puedo hacer una gran lista de trabajos que los americanos no quieren hacer y que un hispano si lo hace y lo hace por el *sueldo mínimo.*

-Entonces esta medio cruel -dijo Juan.

-La necesidad nos orilla a trabajar en lo que sea -dijo Pedro, terminando de comer-, yo siempre he respetado a toda la gente, yo respeto a los políticos, pero me gustaría que uno de esos políticos que dicen que nosotros, los inmigrantes les robamos el trabajo, me gustaría que uno de ellos viniera y se ensuciara de lodo, que trabajara diez u once horas bajo el sol, no solo un día sino todo el tiempo que dure la cosecha, para que entonces si se pare y diga: *Pedro Martínez, le está robando el trabajo a un ciudadano americano,* pero eso nunca va a suceder, es más fácil que un político promueva una ley a que se ensucie los zapatos de lodo.

Los días pasaban y Juan, por más que trataba de acostumbrarse al duro trabajo, no lo lograba, pues él no estaba acostumbrado a ese tipo de trabajos. Poco a poco la cosecha de la fresa se comenzaba a terminar y sus amigos no lo podían colocar en sus trabajos. Se termino la cosecha de la fresa y de ahí le siguieron otras frutas y llego *la cosecha de la coliflor*, que para la opinión de Pedro y otros trabajadores del campo, ese era el trabajo más *pesados* de los

Estados Unidos, en cuanto al campo se refiere, y el no muy convencido le entraba al trabajo. A Juan de vez en cuando le causaba tristeza ver a mujeres de avanzada edad trabajando en el campo.

Juan, veía que otros hombres se retiraban de los campos sembrados de coliflor, pues preferían trabajar en otros lados, pues ese trabajo les parecía demasiado duro. No tenía tiempo ni de divertirse, pues lo único que él quería hacer era llegar a su casa para descansar.

De vez en cuando Juan, y Pedro, Iván par las tardes a la playa, pues les quedaba cerca del apartamento en donde ellos vivían.

-¿Y usted siempre ha trabajado en el campo? –Pregunto Juan, con su acostumbrada curiosidad.

-La mayor parte de mi vida -contesto Pedro, mientras disfrutaba de su bebida refrescante. Hubo un tiempo en que me quise dedicar a la construcción de casas, pero me fue mal.

-¿Y porque?

-Porque me encontré gente que se *aprovecho* de mí, yo no sabré leer ni escribir pero si se hacer cuentas y conozco los números. Con las personas que trabaje, siempre me robaban horas, de una u otra forma las arreglaban para sacar dinero de mi cheque, según la ley establecida, si trabajas *más de 40 horas a la semana,* las horas que trabajes extras te las tienen que pagar tiempo y medio, pero esos tipos ni siquiera eso nos pagaban-, dijo Pedro aun molesto por lo que le había sucedido varios años atrás.

-¿Pero usted no podía hacer algo como denunciarlos? –Dijo, Juan mientras tiraba piedras al mar.

-¡No! -Respondió Pedro-, a veces no se puede hacer nada, como uno es ignorante, no sabes a quien recurrir, muchas de esas personas hasta te amenazan o saben cómo tratar a la gente diciéndole: *No te van a creer o te van a echar a migración, o agradecido deberías de estar que te doy trabajo y cosas asi...* ¿Y sabes que es lo peor?

- No, no lo sé.

-Lo peor es que eran paisano míos, venimos del mismo pueblo.

-¡En serio! -Dijo Juan, con cierto tono de incredulidad.

-Es en serio lo que te digo, mira yo no tengo nada en contra de nadie pero la mayoría de los que han trabajado con contratistas hispanos, todos se quejan de lo mismo.

-¿Entonces todos los patrones hispanos son tranzas?

-No todos son iguales, pero la mayoría son tranzas y estafadores, te prometen un sueldo y el día de la paga se salen con menos de lo que te dijeron, también hay americanos tranzas y te hacen lo mismo.

Juan, solo escuchaba a Pedro y se rascaba la cabeza, como no creyendo lo que este le decía. Muchas de las cosas que suceden en la vida no las creemos hasta que nos pasan a nosotros y a Juan, le tocaría vivir lo que Pedro decía, para que él lo creyera.

4

Se estaba acercando el tiempo en que se terminaría la cosecha y Juan estaba preocupado pues sus amigos no lo podían colocar en ningún trabajo, la única esperanza que él tenía era que lo contrataran en aquel rancho y se pudiera quedar después de la cosecha.

Fue en diciembre, cuando recibió una llamada telefónica de uno de sus amigos en que le aviso que ya le habían encontrado trabajo con un hombre llamado Arturo, del estado de Colima, México. El trabajo consistía en poner tabla roca (sheet rock) en las casas, apartamentos y trabajos comerciales.

-El sueldo no es muy alto-, señaló su amigo al otro lado de la línea- vas a comenzar ganando sesenta dólares al día y conforme vayas aprendiendo vas a ganar mas ¿Qué dices le entras o no?

-Si -dijo Juan- no se oye tan mal.

-Bueno, entonces el fin de semana vamos por ti.

-Está bien aquí los espero- dijo Juan, terminando con la conversación.

Al siguiente sábado Juan, se despedía de Pedro y de los más muchachos que vivían en el apartamento, antes de que Juan se marchara Pedro, le dijo:

-No dejes que nadie abuse de ti, si con el hombre que vas a trabajar, comienza a transarte tu dinero bótalo de inmediato, no te espantes porque eres ilegal, no dejes que nadie te humille y tú no te humilles solo por el trabajo, ¡Ah! Y ten mucho cuidado con el tipo de personas con las que te juntas, hay un pasaje en la Biblia, que dice "Las malas amistades echan a perder las buenas costumbres."

-Gracias don Pedro –dijo Juan, al mismo tiempo que le daba un abrazo, en forma de agradecimiento-. Le prometo que siempre voy a recordar sus consejos.

-Eso espero -expreso Pedro- solo ten en mente una cosa, cada acto tiene su consecuencia.

Antes de que Juan se marchara, Pedro, volvió a decir:- si no te acomodas allá en la ciudad, recuerda que aquí en el campo eres bienvenido, el campo está *abierto para todo el que quiere trabajar.*

-No -dijo Juan, al mismo tiempo que se reía- yo mis respetos para el campo, tenía usted razón cuando dijo que no cualquiera le entra a la cosecha.

Juan, se subió al auto de su amigo y se dirigieron a San Francisco.

-¿Qué tal el campo? –Le pregunto su amigo.

-Esta pesado -respondió Juan- yo nunca pensé que sería tan duro el trabajo en el campo, me quede admirado de las personas que trabajan ahí.

-¿Qué tipo de personas?

- Jóvenes, ancianos, mujeres mayores de edad, mujeres embarazadas y no se rajan a trabajar en la cosecha.

-Pues sí, ni modo alguien tiene que hacer ese trabajo -dijo su amigo sarcásticamente.

Horas después Juan, y su amigo llegaron a la ciudad de San Francisco, Juan se quedo admirado de sus edificios, sus grandes centros comerciales, pero lo que más le impacto fuel gran puente, el Golden Gate.

En los próximos días se iban a celebrar la navidad, esa navidad, era la primera que Juan, la pasaba separado de su familia. Fue una celebración llena de nostalgia, tristeza, llena de recuerdos y esos sentimientos no solo pertenecían a los cuatro amigos de Juan y del él sino también de los millones de hispanos que lo dejaron todo… ¡Por un futuro mejor! Con la intención de ayudar a sus familiares aunque sea con unos cuantos dólares.

Juan, comenzó el año trabajando y el acuerdo era que le iban a pagar cada quincena. Se tuvo que mudar a otro apartamento, que estaba más cerca de la casa de su patrón, pues así, el no tendría que manejar mucho para ir a recogerlo en las mañanas y a dejarlo en las tardes.

El trabajo que Juan, comenzó a desempeñar era pesado, *pero no se comparaba con el duro trabajo del campo*. Se llego el primer día en que Juan, recibiría su pago conforme al acuerdo que tenia con su patrón de que le pagaría sesenta dólares al día. Pero cuando recibió un sobre con su sueldo, Juan se dio cuenta que había recibido menos de lo esperado; antes de que su patrón se retirara a su casa le pregunto ¿El por qué?

-Oiga don Arturo, ¿Por qué recibí menos de lo que me prometió?

-No -contesto su patrón -te pague lo justo.

-Pero lo que tengo aquí es menos -indico Juan, al mismo tiempo que le enseñaba su dinero.

-A ver -dijo su patrón sacando una libreta para hacer las cuentas, la primer semana trabajaste seis días y la segunda que esta y hasta hoy son otros seis ¿Qué no?

- Si, acepto Juan.

- Son doce días en total.

-Si -volvió a contestar Juan.

-Bien, pero de ese dinero tienes que pagarle taxes (Impuestos) al gobierno, la gasolina y aceptaste cooperar con la herramienta que compramos, así que son ochenta dólares de los taxes, sesenta de gasolina y cuarenta de la herramienta tu saldo es de quinientos treinta dólares.

Juan, no muy convencido acepto las cuenta que le hizo su patrón. Según las cuentas de él le pagaron menos que el salario mínimo, pues el salario mínimo era un poco más, de siete dólares la hora y a él le pagaban seis dólares y aun así tenía que pagar taxes y gasolina.

En los siguientes días de pago paso lo mismo, el patrón de Juan se la ingeniaba para pagarle menos de lo acordado, (ROBANDOLE), su dinero de una forma u otra. Juan hacia cuentas y después de pagar la renta y los recibos de la luz, el teléfono y el cable, se daba cuenta que le quedaba muy poco como para poder ahorrar lo suficiente y regresarse a su pueblo en el tiempo acordado.

Se llego el mes de mayo, Juan y sus amigos asistieron a la celebración que hace el consulado de México, en San Francisco, celebración que se hace en recordatorio de la famosa batalla de Puebla, México, el cinco de Mayo. Juan y sus amigos coincidieron con su patrón en el estacionamiento y este se bajo de una camioneta tipo SUV, de modelo reciente, con un interior muy lujoso y asientos de piel y con unos rines de los más modernos. El patrón de Juan, iba vestido con ropa que parecía cara, con botas de buena marca y accesorios de oro, hasta exagerado se veía.

Por la noche después de la celebración mientras llegaban a su apartamento Juan, hizo un comentario.

-¿Vieron a don Arturo, la camioneta que iba manejando y de cómo iba vestido?

Uno de los jóvenes que vivía con Juan, era primo de su patrón y le respondió como tratando de defenderlo.

-Bueno, mientras tengan dinero, cada quien se puede vestir como quiera y manejar el carro que sea, mientras tenga el dinero ¿Qué no?

-Pues si -expreso Juan, pero lo que se me hace raro es que él dice que no gana mucho más que nosotros, que cada vez le pagan más barato el trabajo y el siempre se anda quejando de que no tiene dinero y hasta casa propia tiene.

El primo de Arturo, interrumpió a Juan, muy molesto:- ¡Qué! ¿Piensas, que mi primo nos está estafando?... ¿O que está abusando de nosotros?

Juan, ya no dijo nada pues sabía que todo lo que le dijera sería inútil, pues sabía que este joven defendería a su primo. Juan, ya se había dado cuenta que a todos les pasaba lo mismo, pues siempre se quejaban de que salían cortos de su paga.

El patrón de Juan, saldría de vacaciones el mes siguiente y su primo sería el encargado de recoger los cheques en la oficina de la compañía en que trabajaran. Juan, accidentalmente se dio cuenta que los cheques estaban en la guantera del auto y al revisarlos se dio cuenta que con la cantidad de uno de esos cheques a él le pagaban una quincena y sobraba. A la siguiente semana volvieron a recoger los cheques y eran de la misma cantidad. Juan al darse cuenta del abuso (ROBO) del que era objeto, decidió buscarse otro trabajo, uno de los pocos amigos que Juan, tenia le consiguió trabajo en un restaurante de hamburguesas. Pero dejar de trabajar con ese hombre no sería tan fácil y así sucedió. Juan, regreso de su primer día de trabajo en el restaurante y al entrar al apartamento; Arturo, lo estaba esperando y este le dijo terminantemente.

-Lo siento Juan, pero tú ya no trabajas conmigo, así que ya no puedes vivir aquí, agarra tus cosas y busca otro lugar en donde vivir.

-¿Pero porque? –pregunto Juan, un poco extrañado.

-Porque aquí solo viven los que trabajan para mí.

La respuesta que Arturo, dio a Juan, le parecía absurda, pero también él se dio cuenta que aquel hombre mandaba allí.

-Pero apenas pagamos la renta la semana pasada. ¿Qué voy hacer ahora, no tengo a donde ir?- inquirió Juan, tratando de que Arturo, entendiera su situación.

-A mi no me importa, aclaro Arturo -es tu problema si ya pagaron la renta o no, ese es tu problema.

Juan, miro a sus compañeros y estos no se atrevían a decir nada, pues tenían temor de que su patrón tomara alguna represalia en contra de ellos. Juan a pesar de su insistencia, no pudo convencer a ese hombre de quedarse en el departamento, así que tomo sus pocas pertenencias y muy molesto se salió del apartamento.

Paso la noche en un hotel. Sus amigos ya no estaban en San Francisco, dos de ellos se habían ido de vacaciones a México, y los otros se mudaron a los Ángeles.

Juan, no podía entender cómo podía caber en el corazón de Arturo, tanta avaricia, tanto amor al dinero, tanta falta de consideración hacia los demás. Si él había tomado la decisión de buscar otro empleo fue porque había recordado las palabras de don Pedro, cuando le dijo: *"no dejes que abusen de ti, que ningún patrón te robe de tu salario y cuando te des cuenta de que lo están haciendo vótalo de inmediato*". Juan, ya se había dado cuenta de que

Arturo, era una de esas personas que no dejaban salir adelante a los demás, de que él sentía envidia, cuando alguien se superaba. Este hombre, Arturo, ya se había superado, pero lo había hecho a *costillas* de sus trabajadores.

Juan, así como muchos han arriesgado la vida, en el desierto por poder venir a los EE.UU. Y por desgracia se encuentran con tipos como Arturo, que abusan de sus propios paisanos. Tipos que aman el dinero, que no les importa, "robarle" el dinero a sus trabajadores. Este tipo de patrones hispanos son ¡una vergüenza! Dios no se equivoca al decir: *"que el amor al dinero, es el principio de todos los males"* pues Arturo, aunque tenía dinero (producto de la explotación a sus trabajadores). El no era feliz pues casi siempre tenía problemas con su esposa e hijos y por lo consiguiente no era feliz. Juan, por más que le dio vueltas al asunto, no encontró la forma de acomodarse. Así que días después, no le quedo más remedio que regresar con Arturo.

-Está bien -asintió Arturo, te acepto otra vez, para que veas que no soy un mal hombre y para que te des cuenta que me gusta ayudar a los paisanos.

Juan, pudo notar en las palabras de Arturo, la hipocresía y el sarcasmo que tenía en su corazón.

-Para que veas que soy camarada, te voy a aumentar cinco dólares al día.

-*¡Que remedio!* Pensó Juan.

Juan, volvió a experimentar los abusos de su patrón, pero en esta ocasión los abusos fueron más allá, ahora él, tenía que cooperar para las llantas de la camioneta, para las reparaciones y hasta para la pintura.

5

Se llego otra navidad, Juan, hizo cuentas y era muy poco lo que tenia ahorrado y por más que se privaba de cosas, el dinero no le alcanzaba. Cada vez que él hablaba con su madre, ella lo aconsejaba. *"Cuídate mucho mijo, no te juntes con malas amistades, no te conviertas en un alcohólico, no uses drogas y no te metas en problemas con la policía".*

Su novia hacia lo mismo; ¡Échale ganas mi amor! Acá te estoy esperando, te quiero mucho. Su hermana le hablaba con el mismo cariño: ¡Cuídate mucho hermanito! Y no te metas en problemas.

Ese tipo de alentaciones y palabras, hacían que Juan, soportara muchas cosas y abusos de su patrón. El no entendía como otras personas que se dedicaban al mismo oficio tenían más dinero y les iba mejor y el patrón de los otros era de Fresnillo, Zacatecas, México.

Juan, empezó a hacer mas amigos y conoció a un hombre llamado Omar, de origen Puertorriqueño, que se dedicaba a lo mismo, pero Juan, notaba una gran diferencia entre él y los demás, este joven usaba ropa fina, manejaba un auto lujoso, vivía solo en un departamento y lo tenía muy bien amueblado. Juan, al ser curioso por naturaleza comenzó a indagar.

-¿Cómo le haces para vivir tan bien?

-Ese es un secreto -Le contesto Omar, al mismo tiempo que limpiaba su auto.

A pesar de la insistencia de Juan. Omar, no le conto de donde obtenía el dinero, pues hasta ese momento aun no confiaba lo bastante en Juan, como para contarle lo de "su segundo empleo".

Pasaron las semanas y Juan, seguía en las mismas, esforzándose en hacer rendir el dinero que ganaba en su trabajo, pero por lo contrario, su patrón se daba grandes lujos. Con Juan, ya eran ocho los hombres que trabajaban con Arturo y a todos los explotaba por igual, excepto a su primo.

La amistad entre Omar y Juan, se fue haciendo más solida y ante la insistencia de este, Omar, le conto su secreto.

-Me dedico a robar autos -dijo Omar, sonriendo nerviosamente al pensar que tal vez había cometido un error al contarle su secreto.

-¿Y lo haces tú solo? –pregunto Juan, lleno de curiosidad.

-No, somos varios, pero no le vayas a contar a nadie -dijo Omar, esperando la reacción de Juan.

-No te preocupes -dijo Juan, yo soy como una tumba.

-Pero espero que no seas una tumba abierta -expreso Omar, en forma de broma.

Omar, le siguió contando a Juan, los detalles de cómo operaba la organización a la que el pertenecía, Juan se sorprendió a escuchar que ya llevaban varios años trabajando y la policía nunca los había atrapado. Pasó un mes y Juan, recibió una propuesta de parte de Omar.

¿Te gustaría trabajar con nosotros?

Juan, se quedo pensando y mientras terminaba con su cena dijo al fin- No gracias, yo a eso no le entro, no quiero problemas con la policía.

-Nosotros llevamos varios años y nunca hemos tenido problemas.

-Pues quien sabe -señaló Juan- tal vez a mi me toque la mala fortuna.

-¡Piénsalo! Con unos cuantos trabajitos, que hagas ganarías lo suficiente como para poner el negocio que quieras.

Juan, se rasco la cabeza y comenzó a jugar con el tenedor que tenía en sus manos mientras pensaba en la propuesta de Omar, propuesta que era demasiado tentadora, por la cantidad de dinero que Omar, le ofreciera.

-¡No se! -dijo al fin, se me hace algo raro.

-¿Raro? -dijo Omar, frunciendo el entre cejo. ¿Qué es lo que se te hace raro?

-Pues que ganas tanto dinero por robarte un auto.

-Pero no es cualquier auto -señaló Omar- son autos deportivos muy lujosos, de los más caros del mercado.

-¡No se! -volvió a decir Juan, déjame pensarlo.

-Está bien -dijo Omar -piénsalo bien, lo único que te puedo decir es que conozco a Arturo de hace varios años y con él nunca vas a progresar, ese camarada es un abusador, un ratero, un tranza, que se aprovecha de las personas como tú.

-Pues si -dijo Juan moviendo la cabeza, pero me da un poco de temor hacer negocios chuecos.

-Sí no te arriesgas nunca vas a hacer nada, yo solo te hago la propuesta, tú sabes si la tomas o la dejas.

Juan, por su falta de experiencia, no pudo percibir que Omar, usaba su juego de palabras solo para convencerlo.
Por la noche Juan, no podía conciliar el sueño, pues solo pensaba en la propuesta de Omar *¿Y si me arriesgo*? pensaba Juan, *"Al fin como decía él, yo nunca he tenido problemas con la policía y siempre te perdonan la primera vez".*

Al día siguiente Juan, recibió su pago y volvió a pasar lo mismo, su patrón le quito (robo) aun más dinero y debido a eso tomo la peor decisión de su vida.

-Está bien -dijo Juan- acepto trabajar contigo.

A Omar, se le dibujo una sonrisa en sus facciones en forma de satisfacción.

-Pues bienvenido, al grupo –dijo Omar- el próximo trabajo es el martes, un poco antes del anochecer te espero allá en mi casa –añadió Omar.

Al siguiente martes Juan, abordo el auto deportivo de Omar y lleno de nerviosismo le pregunto a Omar.

-¿Estás seguro, que la policía siempre te la perdona la primera vez?

-Si -respondió Omar, tú lo único que tienes que hacer en caso de que te agarren, es decirles que tu no sabias nada y que ese carro te lo prestaron, oh ahí les inventas algo.

Llegaron a la bahía de San Francisco y ahí ya los estaba esperando un hombre con un auto deportivo muy lujoso y después de darle algunas instrucciones a Juan. Los dos se alejaron en el auto de Omar

Y ahí estaba Juan, sentado frente al volante, no pudiendo refrenar su impetuosa necesidad de hacer siempre algo nuevo.

Puso el auto en marcha.

Juan, sintió detrás de su lengua que corría un líquido agridulce, regalo de la adrenalina, sabor que desafortunadamente le gusto, pues ese no sería su único trabajo.

Lo único que le pareció raro fue que el auto lo tendría que llevar de la bahía hasta el otro lado de la ciudad, pues por lo que él le había escuchado. Era que los autos que se robaban en la ciudad los transportaban en barco hacia Centro y Sur América o a veces a África y el iba al lado contrario, pero en ese momento a él no le importo, lo único que él quería hacer era llegar a su destino.

Esa noche, todo le salió bien a Juan, cuando regreso al departamento de Omar, este ya lo estaba esperando con su pago. Juan, se sorprendió de que tan pronto le hayan pagado su trabajo, pero él prefería no hacer preguntas, (*pues para él entre menos supiera era mejor).* Pero esa noche tendría que tomar otra gran decisión de su vida.

Omar, después de darle su pago, le extendió su mano y le ofreció un cigarrillo a medio fumar-. Vamos -dijo Omar, esto hay que celebrarlo con un toque.

-No gracias -dijo Juan, al mismo tiempo que esquivaba la mano de Omar.

-Vamos -insistió Omar, no te va a pasar nada, solo es un cigarrillo de Marihuana, chúpale nomas una vez.

-No, a esto sí, que no le entro -volvió a decir Juan.

-Pues, de lo que te pierdes -dijo Omar, al mismo tiempo que fumaba del cigarrillo.

En el apartamento de Omar, había otros jóvenes, algunos fumaban marihuana y otros aspiraban cocaína que tenían sobre la mesita de cristal, que estaba en el centro de la sala de espera. Uno a uno le comenzó a insistir a Juan, tratando de convencerlo para que fumara.

-Vamos fúmale -dijo un joven que estaba sentado en el suelo al fondo de la sala- vas a sentir algo diferente, algo que jamás has sentido en tu vida.

Omar, se incorporo del sillón y le puso una mano al hombro y le dijo:- ¿A caso no soy tu amigo?

-Si -respondió Juan.

-Entonces ¿Qué pasa?

-No -volvió a decir Juan-, yo a la droga no le entro.

-¡Hey! No me digas que tienes miedo -dijo Omar, al mismo tiempo que colocaba el cigarrillo en la mano de Juan.

-Yo no tengo miedo -espeto Juan- ya te demostré que no le tengo miedo a nada, pero lo que pasa es que simplemente no quiero usar drogas eso es todo.

Omar, soltó el humo que tenía en sus pulmones y dijo:- "Yo soy tu amigo" ¿Tú crees que si esto te hiciera daño te dejaría que fumaras?

Juan, miro el cigarrillo, y ante la insistencia de los otros jóvenes unida a su impetuosa curiosidad de siempre intentar cosas diferentes se llevo el cigarrillo a la boca. Pero durante las escasas fracciones de segundo que le tomo hacer esa acción llego a su mente un torbellino de pensamientos, de palabras de su madre, de su novia, de don Pedro: *"No te metas en problemas, aléjate de las drogas, las malas amistades corrompen los buenos hábitos"*. Pero el recuerdo que el mas tenía en mente era el de su padre, cuando en una ocasión a él le ofrecieron drogas, "algunos de sus amigos" –Su padre le dijo: *"Un amigo, un verdadero amigo no te ofrece drogas, si no por el contrario, hace lo posible por alejarte de ellas, los tipos que te ofrecen drogas no son tus amigos, son tus peores enemigos que quieren destruirte la vida al igual que la tienen destruida ellos"*.

Juan, detuvo el cigarrillo a escasos milímetros de su boca y después de pensarlo bien dijo:

-¡No! gracias, yo a las drogas no le entro y además de eso; yo no creo que por usar drogas, voy a ser mas hombre, yo no tengo necesidad de demostrarle a ustedes que soy hombre o que tengo valor solo por usar drogas.

-Está bien -dijo Omar, como tú quieras y se volvió a sentar en el sillón.

-Déjalo es un collón -volvió a decir el joven que estaba sentado en el piso- solamente los hombres nos atrevemos a usar drogas.

Juan, sonrió lleno de satisfacción, al darse cuenta que no había caído en el juego de palabras de los que estaban en el departamento de Omar. Hasta cierto punto a Juan, le dio lastima ver a todos aquellos jóvenes, drogados, borrachos, fuera de sí, algunos hasta babeaban y no podían hablar bien debido al efecto que les causaba juntar las drogas con el alcohol. A Juan, siempre le había parecido algo *estúpido,* demostrarle a alguien su hombría usando drogas, por el contrario Juan, ya conocía a dos o tres jóvenes que estaba ahí, drogándose y el sabia que la droga era su refugio, pues no tenían el valor de enfrentar su realidad, de no saber cómo enfrentar su problemas familiares, o simplemente no habían tenido el valor suficiente como para decir... ¡NO A LAS DROGAS! Para Juan, ya eran suficientes problemas el haberse inmiscuido en el asunto de robar autos, como para andar usando ese tipo de basura, que solo destruye a la sociedad.

Minutos más tarde Juan, se retiro a su departamento.

Después de ese trabajo, hizo otro y otro y otro hasta que, ya había ahorrado lo suficiente como para poner un negocio en su pueblo, pero desafortunadamente, no se dio cuenta de cuando fue cayendo en un famoso dicho que dice: *"entre más tienes más quieres".*

Debido a los robos a Juan, ya le alcanzaba como para pagar la renta de un departamento por sí solo, hasta ese momento el trabajo de Juan, en la construcción, sólo le servía de tapadera, así que pensó en dejar de trabajar con Arturo, pero él conocía lo suficiente a su patrón y sabia que él era tan *mediocre,* que por envidia al darse cuenta que Juan, "progresaba" aunque fuese en contra de la ley, progresaba. Según los pensamientos de Juan, sabiendo que si hablaba con su patrón este le pondría el dedo con la policía. Así que decidió desaparecerse de la noche a la mañana sin dejar rastro. En la última semana Juan, se fingió enfermo, hasta el día de su pago pues no estaba dispuesto a regalarle ni un sólo centavo a aquel tipo. Por el contrario, a Juan se le cruzo por la mente el pensamiento de denunciar a ese hombre ante la agencia de impuestos (IRS). Para que ese tipo no siguiera explotando a los trabajadores, pues él se había enterado que su patrón no declaraba impuestos y sin embargo a sus trabajadores, el si se los descontaba de su cheque, pero para evitar problemas, decidió quedarse callado como los demás, así que simplemente, se desapareció.

Se llego otra navidad y como en otras ocasiones, su madre le insistía.

-Mijo, ya ahorraste lo suficiente ¿Por qué no te regresas?

-Deme chance, otros meses más -pidió Juan.

Hasta ese momento ni la madre de Juan, ni su novia, sabían a lo que realmente él se dedicaba.

-Mijo, no te ambiciones al dinero- insistía la madre de Juan.

-No, madre, usted no se preocupe, le prometo que el próximo *día de las madres*, me regreso para Michoacán.

-¿Me lo prometes? –Dijo la madre, de Juan, un poco más tranquila al escuchar la promesa de Juan, de que se regresaría pronto.

Juan, colgó el teléfono y soltó un suspiro al escuchar las palabras de amor, de su bella novia, que ella lo estaba esperando con la misma firmeza y amor del mismo día en que Juan, saliera de su pueblo.

6

Los siguientes trabajos que Juan, realizo le volvieron a salir bien, para ese entonces Juan, ya empezaba a hacer planes para regresarse a México.

Como de costumbre Omar y Juan, se dirigían a la bahía de San Francisco.

-Este es uno de los robos, más importantes -dijo Omar, mientras hacia el cambio de velocidad.

-¿Es un auto muy caro? –pregunto Juan.

-Es uno de los más caros y lujosos de América, si todo sale bien esta va a ser una gran noche para ti, y para todos.

-Esperamos que todo salga bien -dijo Juan, con el mismo nerviosismo de siempre.

-El trato que había hecho Juan, con Omar, era de que después de ese *"robo"* sólo lo haría dos veces más, si todo salía bien. Juan, obtendría el doble de lo acordado, que en las ocasiones anteriores.

-Llegamos-dijo Omar.

Siguiendo la misma rutina de siempre, le dieron algunas vueltas al lugar antes de que se bajaran del auto. Esa noche Juan, sentía algo raro en el ambiente, como si sintiera que miles de ojos lo estuvieran observando, *"ha de ser mi nerviosismo"* pensó él.

El hombre, que los estaba esperando le dio las llaves a Juan y dijo:- ¡Suerte! Este es el mejor negocio de tu vida, con este, sales de pobre.

-Te espero en el departamento -dijo Omar.

-Allá, nos vemos -respondió Juan y se despidió de ellos haciendo una señal de militar.

Juan, puso en marcha el auto y este rugió como fiera en medio de la selva. Juan, jamás pensó que algún día manejaría un auto de esos. Era uno de los autos deportivos más lujosos de los Estados Unidos. Juan seguiría el mismo patrón de siempre, cruzaría la ciudad de lado a lado, tendría que llegar a una bodega, en donde presumiblemente desmantelarían el auto, para venderlo en partes. Una de las cosas que siempre le pareció raro a Juan, era de que siempre le daban las llaves de los autos que el manejaba, los autos no tenían ningún rasguño, el siempre esperaba que estos llevaran el sistema de arranque quebrado pero no era así. Él le había hecho preguntas a Omar, pero este siempre le contesto:- "No hagas preguntas, entre menos sepas es mejor".

Juan, tomo la autopista que lo llevaría al otro lado de la ciudad, debido a la hora no había mucho tráfico, miro por el espejo retrovisor y vio a un auto negro que lo seguía, se cambio de carril y miro como el auto freno un poco, pero no se cambio de carril. Juan, siguió avanzando milla tras milla, y el auto no lo rebasaba. *"Han de ser mis nervios"* pensó, Juan, redujo la velocidad para ver si en efecto el auto lo seguía a él. El auto negro hizo lo mismo -*¡Oh no!* pensó Juan, *"Me vienen siguiendo a mi"*. La salida que Juan, tendría que tomar, era la última de la ciudad. Pero Juan, tomo una antes, tratando de perder al auto que lo seguía; volvió a mirar por el espejo, para ver si el auto lo había seguido, pero no, el auto, se siguió de largo. Juan, suspiro profundo y se dijo a sí mismo: *"son solo tus nervios Juan, son solo tus nervios"*.

Se perdió entre las calles, buscando el lugar de siempre. Haciendo con las luces la contraseña, dos tipos le abrieron la puerta de la bodega. Juan le entrego las llaves a aquellos hombres y se dispuesto a abordar un viejo automóvil, que siempre se llevaba después de dejar el auto "robado" cuando de repente un fuerte estallido, hizo pedazos la puerta de la bodega. Juan, reacciono asustado y de un salto entro al automóvil; quienes habían entrado eran los agentes antinarcóticos, el FBI y policías municipales.

Juan escucho los gritos de los agentes y segundos después, se escucharon los estruendosos disparos de las armas de fuego. El intercambio de balas duro varios minutos. Juan, se cubría los oídos con las manos para no escuchar los disparos. Minutos después se formo un gran silencio, lo único que se podía escuchar eran los susurros de los agentes y el sonido de sus pies cuando corrían. A Juan, se le encogió el corazón cuando uno de los agentes dijo:

-¡Los dos están muertos! -Instantes después Juan, escucho por el altavoz de una de las patrullas:-¡Sabemos que estás ahí, sal con las manos en alto!

Juan, se dio cuenta que no tenia escapatoria y muy despacio se bajo del auto y se puso sobre sus rodillas, y las manos en la parte trasera de su cabeza.

Los agentes se abalanzaron sobre él, y segundos después estaba recostado en el suelo, con las manos esposadas; debido a la falta de inglés, los agentes tuvieron que llamar a un intérprete y mientras este llegaba, un agente del FBI, abrió la cajuela del auto que Juan llevaba y al mirar lo que esta contenía, Juan, sintió que el mundo se derrumbaba ante él, sus piernas se aflojaron y cayó sobre sus rodillas. Los agentes sacaron varias bolsas de la cajuela, y al abrirlas se dieron cuenta que era cocaína. Los agentes miraban a Juan y hablaban entre sí.

Llego el intérprete y comenzó a decirle a Juan sus derechos.

Juan se trataba de defender.

-Yo no sabía que traía cocaína, a mi me dijeron que eran autos robados, yo no lo sabía -decía Juan, angustiado.

Sin la menor intensión de escucharlo, uno de los agentes lo subió a su patrulla y lo condujo a la cárcel, para interrogarlo.

-¡Yo no lo sabía! –Decía Juan, tristemente-, a mi me engañaron. Esas eran las palabras que Juan repetía durante el camino.

En los separos de la policía y frente a un abogado, los agentes comenzaron a interrogar a Juan.

-¿Para quién trabajas? ¿Quién es tu jefe?

Juan, guardaba silencio y miraba al abogado.

-¿Para quién trabajas? –Volvieron a preguntar los agentes.

Conforme a su derecho, Juan, si quería podía culpar a Omar y entregarlo a las autoridades, pero no lo hizo, para Juan, la fidelidad hacia Omar, era algo importante, era su honor como hombre, aun a pesar de que fue engañado por Omar. Juan, se mantuvo firme en no decir nada.

-A mi me engañaron -dijo Juan, a mi me dijeron que eran carros robados, yo no sabía que lo que transportaba era droga.

Un agente irrumpió al cuanto de interrogaciones y haciendo una señal con la mano, llamo a uno de los agentes que estaba interrogando a Juan, hablaron en voz baja y después el agente regreso y le pregunto a Juan.

-¿Conoces a Omar Rubín?

Juan, se sorprendió al escuchar el nombre de su "Amigo" los agentes lo miraban esperando su reacción.

Juan para no mentir guardo silencio.

¿Lo conoces sí o no? volvió a preguntar uno de los agentes al mismo tiempo que golpeaba fuertemente la mesa con la palma de su mano.

El agente de la vez anterior volvió a entrar al cuarto y volvió a hablar con el otro agente, este volvió y le dijo a Juan.

-Omar, ya confeso. A él lo agarramos junto con otros dos en su departamento, llevábamos varios meses siguiéndoles la pista ¿Conoces a alguien más aparte de Omar?

-Pues a los únicos que yo conocía, eran a las dos personas que murieron en la bodega y al joven que siempre nos esperaba en la bahía, pero yo creo que a él también lo agarraron ¿Oh no?

¿Sabes que estás en graves problemas? Y problemas muy gordos, Omar ya confeso todo, si tu nos ayudas, la pena por tu delito podría ser más leve. ¿Qué dices? ¿Nos ayudas?

-No sé nada -insistía Juan- a mí me dijeron que eran autos robados.

-¿Sabes que un oficial, salió herido de un balazo y que está en un hospital? -Espeto el oficial al mismo tiempo que volvía a golpear con fuerza la mesa

-Si -dijo Juan-, lo sé, pero yo no conozco a nadie. Les vuelvo a repetir, a los únicos que yo conocía ya los tienen ustedes o están muertos.

Los agentes al darse cuenta de que realmente él no sabía nada, decidieron dar por terminado el interrogatorio. Juan, fue llevado por otro agente a una celda, para esperar su juicio. Juan, tenía todas las de perder, todo estaba en su contra, la droga, el tiroteo, un oficial herido, todo lo acusaba a él. Juan pensó que pasaría unos buenos años de su vida en la cárcel o tal vez no saldría jamás, pues el tráfico de drogas es muy penado, en cualquier parte del mundo, pero principalmente en los Estados Unidos.

Juan, se sentó en una dura cama de metal y comenzó a pensar en su familia, que iba a ser ahora de su madre, de su hermanita, y de su novia. Para Juan, ya era demasiado tarde el pensar *"si no me hubiera metido en esto, si hubiera escuchado a mi madre, y me hubiera regresado a México, en el diciembre pasado, si no me hubiera juntado con malas amistades, si no me hubiera esto, si no hubiera lo otro"*. Juan se dio cuenta de que el si hubiera no existe, el ya estaba ahí, y tenía que pagar las consecuencias de sus propios actos, y no le quedaba más que resignarse.

Un mes después, de que a Juan lo agarraran, se presento ante un juez, para recibir su condena. El abogado antes de comenzar el juicio le dijo.

-Tienes algo a tu favor, Omar confeso, y les corroboro lo que tú les dijiste, que ellos te habían engañado al decirte, que eran robados los autos que tu manejabas y como saliste negativo en la prueba de balística, se dieron cuenta que tu no participaste en el tiroteo, tu estuviste ahí pero no disparaste ningún arma.

-¿Y cree que eso me ayude un poco?

-Yo creo que sí-, contesto el abogado-. Dejémosle eso al juez, eso junto con el buen record que tenias, tal vez nos ayude.

El juez, entro a la sala le hicieron la reverencia de saludo y comenzó el juicio de Juan, después de varios alegatos en su contra y a su favor, Juan, recibió su sentencia.

Los cargos eran, por tráfico de drogas, (daños en contra de la salud), participar en un tiroteo, y un oficial herido. El abogado presento en defensa de

Juan, las pruebas de que él, no acciono ningún arma en el tiroteo, de que a él lo habían engañado, diciéndole que eran autos robados y no droga. Estas pruebas, junto con la confesión de Omar, Juan y el abogado, esperaban que la condena no fuera tan severa.

El juez, después de dialogar con el jurado dio la sentencia.

Juan, cuando escucho la sentencia cerró los ojos y soltó el aire que tenía en los pulmones e hizo un gesto de conformidad.

-La sentencia era, que tenía que pasar diez años de su vida en la cárcel de estado.

-No estuvo tan mal -dijo el abogado-, considerando la cantidad de droga que había en la cajuela del auto.

-Sí, lo sé -respondió Juan, yo creí que me iban a echar más años.

-Además de eso -añadió el abogado -dependiendo tu buena conducta, te pueden reducir la condena.

Juan, sonrió pues a pesar de todo como había dicho el abogado *"no estuvo tan mal la sentencia"* pero lo que Juan, no sabía es que lo peor de su sentencia lo iba a vivir en la cárcel. (Esos diez años Juan los hubiera cambiado con gusto por treinta o cuarenta con tal de jamás haber recibido la terrible noticia que un trágico día llego hasta el).

El juez, le hizo una seña con la mano a Juan, para que se acercara y este le dijo:

-¿Cuántos años tienes aquí en los Estados Unidos?

-Casi tres años -respondió Juan.

-¿Sabes cuantos hispanos han pasado por esta corte frente a mí? –pregunto el juez sin apartar la mirada de Juan

-No se -volvió a responder Juan-, algunos cuantos.

El juez miro directamente a los ojos de Juan y en voz grave le dijo: -docenas amigo, docenas de personas que han cometido la misma estupidez que tu, personas que no son capaces de sobresalir con un empleo honrado, y se meten en problemas y ahora van a pasar o están pasando su juventud en la cárcel.

Juan, esquivo la mirada del juez, pues sabía que él tenía razón.

-Mírame a los ojos -dijo el juez. Juan, sentía como si el juez, estuviera molesto con él, en realidad lo estaba.

-Yo se que eres ilegal y que después de que pagues tu condena en la cárcel vas a ser juzgado por el servicio de inmigración ¡Que me mires a los ojos! - Volvió a decir el juez.

Juan, lo miro a los ojos y espero a que el juez siguiera hablando.

-¿Sabes cuantas personas han muerto al intentar venir a los Estados Unidos? Miles Juan, miles de personas, han muerto ya sea en el desierto, en el rio, o en manos de criminales ¿Y sabes tú, que una de esas personas hubiera dado lo que fuera, lo que fuera por haber tenido la oportunidad que tú tuviste al llegar vivo a los Estados Unidos?

Cuando Juan, escucho las palabras del juez, por su mente empezó una lluvia de recuerdos, la violación a Alejandra, la pobre mujer muerta en el desierto, con su bebe en brazos y que el mismo estuvo a punto de morir de sed, junto con otras personas. Juan, cerró los ojos y sintió como una lágrima lo traicionaba al abandonar su escondite.

-¿Y qué es lo que hace la gente como tú? –Dijo el juez espantándole los recuerdos- llegan aquí y se meten en problemas, tarde o temprano la justicia cae sobre los delincuentes, tu ya lo comprobaste.

-Lo sé, -dijo Juan, al mismo tiempo que se limpiaba la lágrima. Y le pido perdón por no haber aprovechado la oportunidad de haber llegado con bien a los Estados Unidos.

-A mi no me tienes que pedir perdón. -Espeto el juez-, tu eres el que está pagando las consecuencias de tus propios actos… piensa en esto Juan, cuantas personas que han perdido la vida al cruzar la frontera hubieran aprovechado la oportunidad de ganarse unos dólares honradamente y ayudar a su familias.

Juan, guardo silencio pues sabía, que por más que le buscara, el juez tenía razón, pues él había tenido la oportunidad que miles en otros países anhelan tener y el la había *tirado a la basura,* por haber tomado malas decisiones.

-Pueden llevárselo -dijo el juez, y un oficial de la corte lo condujo al automóvil, que lo llevaría a la prisión.

Juan, antes de salir del cuarto volteo a mirar al juez y este al mismo tiempo que lo miraba meneaba la cabeza en forma negativa. Pues ahí iba otra juventud destruida, tirada a la basura, otra juventud que se iba a desperdiciar en la cárcel >> *que tonta es la juventud* <<, pensó el juez.

7

Después de seguir los procedimientos de costumbre, Juan fue llevado a su celda. Juan, entro a la celda y saludo a su compañero, y este solo lo saludo haciendo una mueca, era un hombre lleno de tatuajes, un ex pandillero de apariencia ruda, con una mirada penetrante. Juan, se recostó sobre el duro camastro y volvió a pensar en su familia. Aparentemente su madre era una mujer, ya no tan joven, pero era fuerte, su hermanita para cuando el saliera ella tendría unos diecinueve o veinte años de edad y su novia. >> *¿Me esperara?*<< Se preguntaba, Juan -¡No lo creo! -se respondía a sí mismo, diez años eran muchos para que lo esperara.

Al siguiente mes se celebraría el 10 de Mayo, día en que se celebra, el *día de las madres* en México, fecha en que supuestamente Juan, regresaría a su pueblo. Pero no, ahora el estaba en la cárcel y pues ni modo… ya nada podía hacer, más que sobrevivir en aquel lugar. Al ser su primera noche en la cárcel, ya para pagar su condena. Juan, no pudo conciliar el sueño. Volteo a ver a su compañero de celda y este dormía a pierna suelta. *"Tal vez porque ya está acostumbrado*" pensó Juan.

Al día siguiente, con un singular vocabulario el hombre, que compartía la celda con Juan, le pregunto.

-¿Vas a estar aquí un buen rato ese?

-Diez años contesto Juan.

-Chale, son un montón ¿pues qué hiciste?

Juan, le conto a grandes rasgos el porqué está ahí, y de igual forma el ex pandillero le conto el porqué de su encarcelamiento.

-Yo, me llamo Juan. ¿Y tú?

-Todos aquí me llaman, el Johnny -contesto aquel hombre mientras se ataba los zapatos.

-Pues ya que vas a estar aquí, un buen rato échate una leída -dijo Johnny, al mismo tiempo que colocaba un grueso libro al costado de Juan.

-¿Qué es? –pregunto Juan, mientras hojeaba el libro.

-Es una Biblia, ese. ¿Nunca has leído una?

-No, la verdad no.

-Pues si quieres mantenerte alejado de los problemas, es mejor que la comiences a leer.

Pasaron los días y Juan, se dio cuenta de algo, en la Biblia, había cosas que él no conocía y ahí encontró la respuesta a una de sus preguntas, según él le pregunto a Dios:

>> ¿Por qué en el último trabajo que el realizo, Dios, lo había abandonado?<<. Pero el punto era que él se dio cuenta de que Dios, *nunca* lo abandono, pues Dios, nunca anduvo con él, pues Dios, no apoya la delincuencia. Juan, le pidió perdón a Dios, porque mas alguna vez le había reclamado su abandono.

Ya habían pasado varios meses y Juan, ya se había unido a Johnny, en su lucha por desintegrar las pandillas que se formaban en la cárcel. Pues Johnny, ya se había dado cuenta que era algo absurdo pelear por ideales que carecían de sentido.

Juan, como de costumbre iba a recibir su correo todos los primeros días del mes, pero en esa ocasión no le llego nada. Juan, se preocupo pues, desde que el callera en la cárcel, no había ni un solo mes en que el no recibiera carta de su madre. Su madre en todas sus cartas trataba de animarlo, para que le echara ganas, que tratara de alejarse de los problemas, para que no pasara más tiempo en la cárcel.

En las primeras cartas, que el recibiera, su novia le escribía palabras de amor y de apoyo. Pero con el paso del tiempo esas palabras se fueron esfumando de las cartas hasta que el recibió la noticia de que ella, ya no lo esperaría mas y decidió casarse con otro joven del mismo pueblo. Situación que Juan, entendió, pues diez años era mucho tiempo para esperarlo.

¿Qué paso ese? ¿No te llego nada? –pregunto Johnny.

-No -contesto Juan, tal vez se atraso el correo.

Para ese tiempo entre ellos ya había una gran amistad. Todos los familiares de Johnny, vivían en San Francisco y no tenía necesidad de recibir cartas.

Juan, ya tenía un poco más de dos años en la cárcel y el trataba no perderse los primeros días del mes para que su correo no se extraviara, pero nada. Paso un mes y otro y otro sin recibir noticias de su madre y de su hermana.

-¿Crees que le haya pasado algo a tu jefa ese?

-¡No se! -Respondió Juan, un poco preocupado, ya llevo casi seis meses sin recibir noticias de ellas.

La desgracia.

Días después Juan, estaba en las canchas jugando futbol, cuando Johnny, llego corriendo. Minutos antes el cielo azul, se había opacado por negros nubarrones y había comenzado a gotear.

-¡Hey Loco! Te llego carta de tu jefa.

-¿En serio? -dijo Juan, muy contento- ¿No me estas bromeando?

-¿En serio? -Aclaro Johnny-. El guardia, te la dejo en la celda sobre tu cama. ¡Apúrate ese!

Juan, le dio un punta pie al balón y una gran alegría invadió su corazón, alegría que daría un cambio radical, hasta convertirle en una de las peores tristezas, que Juan, jamás experimentara.

Debido a que la llovizna, se convirtiera en un torrente aguacero, todos los reos, ya se habían refugiado en sus celdas.

Juan, llego, abrió el sobre y comenzó a leer la carta, pero le pareció raro que quien escribiera la carta fuese su tía Lupe, de Nueva York y no su madre.

"Estimado sobrino, espero que la estés pasando bien, lamento darte esta noticia, pero es imprescindible que lo sepas, yo creo que ya eres lo suficiente maduro como para reaccionar como un hombre; tu madre cayó enferma hace algunos meses y estuvo internada en el hospital de Zamora, pero desafortunadamente los doctores, no pudieron hacer ya nada mas... y falleció la semana pasada en el hospital de un "ataque al corazón".

Cuando Juan, leyó lo que tenía la carta, desde lo más profundo de su ser salió un alarido lleno de dolor -¡No!... ¡No!... ¿Por qué?.. ¿Por qué?... ¡No! ¡No!....

El grito de Juan, fue tan lastimoso, que a Johnny, se le quebranto el corazón y acompañando a Juan, comenzó a llorar. Juan comenzó a darle de golpes a la pared, los golpes eran tan fuertes que se destrozo los nudillos.

-¡No!... ¡No! Volvía a decir Juan, entre un llanto desgarrador. Se aferro a los barrotes de acero de la puerta de la celda y comenzó a golpearse la frente, se golpeo tan fuerte que de inmediato la sangre comenzó a brotarle. Johnny lo abrazo de inmediato para que no se siguiera haciendo daño, Juan forcejeaba con él, pues no quería calmarse. Con algo, con lo que fuera, él quería desquitar su dolor y frustración.

Debido a los gritos de Juan, llego uno de los guardias, y Johnny le explico, el porqué del comportamiento de Juan. El guardia se quito la gorra en señal de respeto y luto. Para ese entonces ya había varios de los amigos de Juan, y en sus rostros se notaba que compartían el dolor de Juan.

-Mi viejita -decía Juan, entre lágrimas. ¿Por qué se tuvo que morir, mi viejita? ¿Por qué? ¿Por qué?

Juan, miro hacia la pequeña ventana de su celda, que comunicaba hacia los campos; por el cristal de la ventana escurrían gordas gotas de agua, parecía que la ventana acompañada con sus lagrimas la tristeza de Juan.

-¿Por qué? -Volvía a decir Juan-. Yo lo que más anhelaba, era volver a ver a mi madre y ya nunca la voy a volver a ver.

Los hombres que estaban alrededor de Juan, no sabían que decir, pues sabían que ese era un momento muy difícil para Juan. Siguió leyendo la carta.

"Sus últimas palabras fueron para ti': "Juan, por favor cuando salgas de la cárcel pórtate bien, ya no te metas en problemas, disfruta tu vida, tu libertad, se un hombre de provecho para la sociedad, forma una familia y dales lo mejor que puedas, aprende de tu errores y sobre todo cuida a tu hermana, la dejo en tus manos, te quiero con todo el corazón y que Dios Te Bendiga"... Tu tío Luis, se hizo cargo de tu hermana, adiós, querido sobrino que Dios te proteja.

Juan, apretó la carta contra su corazón y sin dejar de llorar se recostó sobre el piso. Todos lo miraban con lastima, pues sabían que no hay más dolor tan grande, como el de perder a una madre, y lo peor de todo era que muchos lo hacían... desde la cárcel. Apartados de la sociedad, pagando condenas que ellos mismos se buscaban, al haber tenido la errónea decisión de no haber andado por buenos caminos.

Pasaron los días y ya Juan, se había curado de sus heridas físicas, pero la herida que llevaba en el alma, jamás se le iba a borrar, pues el mismo se culpaba de la muerte de su madre. El pensaba que por el hecho de que él hubiese ido a la cárcel, su madre se había enfermado.

Ya un poco más resignado, Juan y Johnny, siguieron su lucha en contra de las pandillas, que se formaban en el reclusorio. Ya casi se iban a cumplir cinco años desde que Juan, cayera en la cárcel y esperaba con ansias las noticias de un abogado, pues la esperanza que le había dado el juez, años antes era de que si se portaba bien, podría salir antes de la condena dictada, "*saldría por buena conducta*" eso unido a lo que hacía en la cárcel, de ayudar a jóvenes, eran una gran esperanza, para Juan.

-Te tengo dos noticias -dijo el abogado.

¿Cuáles son? – pregunto Juan, mientras se tronaba los dedos de la mano, lleno de nerviosismo.

En el rostro del abogado, se formo una sonrisa de satisfacción y dijo:- El juez, nos acepto tu petición, fue un poco complicado, pero aceptaron reducirte la condena y sales libres en un mes.

¡En un mes! –Exclamo Juan, lleno de alegría. -En un mes salgo libre, en un mes salgo libre. ¿Y cuál es la otra noticia? –pregunto.

Bueno -dijo el abogado, debido a tu situación migratoria tendrás que comparecer ante el juez de inmigración y es muy probable que salgas deportado.

-No me importa -expreso Juan ¡No importa que me deporten con tal de salir libre!

El abogado, le dio algunas sugerencias y después se marcho. Johnny, hacía varios meses que había salido libre, bajo libertad condicional.

Días después Juan, esperaba impaciente, que el guarda le entregara sus pocas pertenencias.

- Fue un placer conocerte, pero espero nunca volverte a ver -dijo el guardia, en un tono sarcástico.

-Pues yo tampoco -le contesto Juan, con el mismo tono. Porque es usted muy feo y ni ganas de volverlo a ver.

El guardia le contesto con una sonrisa, y se despidió de él. A Juan, le pareció que el tiempo era muy caprichoso, en los primeros meses que él estuviera en la cárcel, el tiempo parecía un anciano con bordón, el cual con su lento caminar parecía que no tenía intención de consumir los días del calendario, que por el contrario después de que recibiera la desagradable noticia del fallecimiento de su madre. Parecía que aquel anciano, se había convirtió en un atleta, que nada lo detenía y con un hambre feroz, llevo a Juan, hasta el momento en que recibiría de parte de un juez de inmigración, su orden de deportación.

Juan, traspaso la línea fronteriza que divide a los Estados Unidos, de México. Le pidió al chofer de un taxi, que lo llevara a la central de autobuses y se encamino a su pueblo, Zamora, Michoacán, México. Juan, puso sobre sus piernas una pequeña *"mochila",* que llevaba, extrajo una fotografía de su madre y su hermana y la coloco en su pecho. Entre un torbellino de pensamientos se quedo profundamente dormido.

Horas después, vagamente comenzó a recordar las calles de su ciudad, los jardines, las iglesias, los mercados, las placitas, las cafeterías. Juan suspiro profundo, ahora tenía una empresa aun mas difícil, comenzar desde abajo, desde cero. Pues meses después de la noticia de su madre, recibió una carta en que le anunciaron que su tío Luis, el que se hiciera cargo de su hermana, le había *robado* el dinero que él le mandara, haciendo sus negocios chuecos, de igual forma aquel hombre despojo a su hermana de la casa, dejándola en la calle vilmente. (”Algo raro”)

-Bienvenidos, a la ciudad de Zamora, anuncio el chofer del autobús.

Juan, se dispuso a bajarse del autobús. Y al primero que miro fue a su tío Aurelio, que lo estaba esperando y a su lado había una jovencita. (*La jovencita se puso dos dedos en el corazón, luego en los labios y le mando un beso).* Juan, corrió hacia ellos, no pudo aguantar y rompió en llanto.

Ya habían pasado ocho años y Lucia, su hermana, no había olvidado su saludo. Fue un encuentro triste, lleno de nostalgia y a la vez tan conmovedor que su tío Aurelio, no pudo contener las lagrimas y se unió al llanto de ellos.

Juan, regreso a su ciudad, el 8 de Mayo de 2007, dos días antes de que se celebrara el día de las madres. Uno de los más grandes anhelos de Juan, que para cuando el regresara, era de ver que su madre, su hermana y su novia, lo estuvieran esperando, pero no fue así si no que de las tres solo su hermana lo estaba esperando.

-Creciste bastante… ya no eres una niña-, le señalo Juan, a su hermana.

-Si verdad -dijo Lucia y lo volvió a abrazar- ya soy una señorita.

Lo primero que Juan, quiso hacer, fue ir a ver la tumba de su madre.

Juan, se paro frente a la tumba, coloco una flor y lo primero que Juan, exclamo entre sollozos fue:

-¡Perdón, madre!... ¡Perdón!

Juan, cayó sobre sus rodillas y al mismo tiempo que besaba la tumba, repetía una y otra vez- ¡Perdón madre!.. ¡Perdón!

Lucia, le tomo suavemente por el hombro y lo miraba con tristeza, pues por sus palabras se dio cuenta que Juan, tenían un gran sentimiento de culpa. Lucia se arrodillo frente a él y con voz suave le dijo.

-Tú no tienes la culpa Juan, mi madre, ya estaba enferma desde mucho antes de que tú fueras a la cárcel.

Juan, la miro a los ojos y le dijo:- no te creo, solo dices eso para que yo no me sienta culpable.

-Es verdad Juan, si mi madre no nos lo había contado fue para que no nos preocupáramos, no te estoy mintiendo.

Juan, le limpio las lagrimas, le beso la frente y se incorporaron. Miro hacia el cielo y recordó unas palabras que le dijera don Pedro, el hombre que lo ayudara cuando el trabajo en los campos agrícolas: *"Este es un gran país" (Estados Unidos) te lo puede dar todo, lujos, dinero, casa, una buena vida, pero también con un error que cometas, te lo puede quitar... ¡Todo! ¡Absolutamente todo!*

Juan, simbólicamente se iba a unir a todas aquellas personas, que ya pagaron y pagaran caro el haber ido en busca de un supuesto sueño americano. Y Juan, pago muy caro por haber tomado malas decisiones.

Juan, tomo de la mano a su hermana, y se perdieron entre los polvorientos remolinos que levanto un auto al pasar.

CON LAS MANOS VACIAS

Cesar Rodríguez, se despedía de su esposa dándole un beso en su vientre, pues Diana, su esposa tenía tres meses de embarazo.

- Cuídate mucho mi amor –dijo Diana, al mismo tiempo que le daba un beso de despedida.

-No te preocupes, mi amor todo va salir bien, tú cuídate para que nuestro hijo salga fuerte y sano, para que sea un muchachote.

Diana y Cesar, se habían casado muy jóvenes, ella tenía diecisiete años y el dieciocho, aunque habían tenido algunos problemas, con los padres de ella. Ellos al ver el amor, que había entre los dos, no les quedo más opción que aceptar que se casaran.

Cesar, le volvió a acariciar su vientre y le hablo cariñosamente a su bebe:- Dese ahí adentro, me cuidas a tu mama y no la patees muy duro, pues yo creo que vas a ser un varoncito y vas a ser futbolista.

Cesar, se despidió una vez mas de su esposa, de sus padres y abordo el autobús, que lo llevaría a la ciudad de Agua Prieta, Sonora, México. Y desde ahí intentaría cruzar la frontera para llegar a la ciudad de Phoenix, Arizona, en donde su hermano mayor, José Ángel, tenía su residencia.

Cesar, iba lleno de ilusiones y sueños. El no tenía la intención de permanecer mucho tiempo en los Estados Unidos, solo quedaría juntar (pensamiento que 99% de los inmigrantes tiene) lo suficiente para acabar su casa y así de esa forma ya no tendría que vivir con sus padres.

Cesar, dejo su Ciudad, Guadalajara, Jalisco, México, el 9 de Noviembre de 1987.

Días después de que el saliera de su pueblo, llego con su hermano. El no batallo en cruzar la frontera, pues en aquel tiempo, el cruce era mucho más rápido, que en estos tiempos, el solo tuvo que caminar dos horas, para que los recogieran en el cerro. De inmediato, comenzó a trabajar en la construcción de casas, empezó ganando un poco más del salario mínimo.

Obtuvo su licencia para conducir, pues en aquel entonces, era fácil obtenerla, en comparación con la ley que entraría en 1996. Ley que le exigiría a cualquier persona, que deseara obtener una licencia de conducir, mostrar algún documento, de residencia legal.

Cesar, se quedo admirado de la gran ciudad de Phoenix, con sus grandes calles y avenidas, algunas de las cuales cruzaban de Norte a Sur y de Este a Oeste. Calles de cuatro carriles, edificios altos.

Los días fueron avanzando y a Cesar, todo le salía bien, a él, le pareció que la gente de aquella ciudad era bastante amable, gente americana, que intentaba hablar español. En una ocasión un oficial del sheriff, lo detuvo pues al parecer había violado una de las leyes de tráfico.

El oficial y Cesar, no se entendían, pues hablaban diferentes idiomas. Después de una espera de casi media hora, llego hasta ellos otro oficial del sheriff de descendencia hispana y después de platicar con el otro oficial le dijo a Cesar:

-Mi compañero lo detuvo por que usted paso el límite de velocidad y le va dar solamente un aviso como llamándole la atención y que ponga usted más cuidado para la próxima. ¿Está bien?

¡Claro! –Dijo Cesar, un poco nervioso y agradecido pues él pensaba que le iban, dar una multa.

¡Wau! Pensó Cesar, al darse cuenta que el oficial, solamente había llamado a un intérprete para darle un aviso.

¡Amo este país! –Expreso Cesar, en voz alta al mismo tiempo que tomaba la Interestatal (I) 10, tumbo a Tucson, para llegar a su trabajo. Por lo contrarió a Cesar, a su hermano José Ángel, si le dieron una multa, pues él se había pasado una luz del semáforo en rojo.

-Me acompañas a la corte.

-¡A la corte! –Dijo Cesar- estás loco, yo ahí no me paro, no sea que me vayan a echar a la migra y luego que hago.

-No seas zacatón –dijo José-, son puras mentiras de que te echan a la migra, ahí en la corte no hay problema.

No muy convencido Cesar, acompañó a su hermano y en efecto, no paso nada. A José, le dijeron la cantidad que tendría, que pagar y se marcharon de la corte.

-Ya vez te lo dije –comento José-, son puras mentiras eso de que te echan a la migra, bueno eso depende del delito que cometas, si la riegas muy feo entonces si te deportan para México o de donde vengas.

Cesar, de inmediato se dio cuenta de que muchas de las cosas, que le contaran sus amigos eran mentiras, como de que los hispanos no podían caminar en la calle, pues inmigración, si los veía, los levanta de volada. Entre otras cosas se dio cuenta que sus amigos le habían mentido. Muchos de los objetivos principales, que tenían en la mente la mayoría de las personas que venían al Norte. Era de comprar una camioneta tipo pick-up, un auto o de casarse con una joven americana. (Nadie lo puede negar). Pero Cesar, tenía en su pensamiento el ahorrar lo mas que pudiera para terminar su casita. Mn México, trabajo como chofer de un taxi.

Paso el tiempo y Cesar, comenzó a renegar por el clima, ya había llegado el verano y la temperatura a veces subía a mas de 118 grados, pero aun a pesar del sofocante calor Cesar, vivía feliz en aquella gran ciudad y su felicidad aumentos a un mucho mas al recibir la noticia de que su esposa, no tuvo un hijo, si no dos y ambos fueron varoncitos. (Cesar, estaba que no cavia de felicidad).

-¡Gracias mi amor! ¡Gracias! Por darme dos hijos de un jalón, le decía Cesar, a su bella y jovencita esposa, que estaba al otro lado de la línea telefónica.

-¡Gracias a Dios! –Respondió Diana- se me complico un poco, según el doctor fue porque estoy muy joven y también porque fueron dos, pero todo salió bien, gracias a Dios.

-¡Y cómo les pusiste! –pregunto Cesar, sin dejar de agradecerle a Dios, por la llegada de sus dos hijos.

-A ver si te gustan los nombres –respondió Diana, les puse Irving y Marvin.

-Sí, si me gustan y hasta riman- expreso Cesar muy feliz.

Después de colocar el auricular, Cesar, le dio la noticia a sus amigos y les presumía que el habían tenido dos de un jalón, haciendo bromas, como de que en aquel tiempo eran al dos por uno.

Poco a poco se fue llegando la hora en que Cesar, se regresaría para su pueblo y comenzó a comprar regalos para llevarles a sus familiares y principalmente a su esposa, que para él, era como su reina y sus dos hijos, sus príncipes y por fin se llego la fecha señalada. Cesar, se regreso a su querido Guadalajara, el 20 de Diciembre de 1988.

El encuentro con sus familia fue muy emotivo, todos llenos de felicidad le daban la bienvenida a Cesar, este no dejaba de besar a su esposa y a sus hijos y les conto como era la vida en los Estados Unidos, que era muy diferente a la que se vive allá en México, Centro y Sur América.

2

Después de algunas semanas Cesar, le hizo una proposición a su joven esposa.

-¿Por qué no nos vamos a vivir a los Estados Unidos?

-¿Pero para qué? Si aquí estamos bien, te va bien en tu trabajo y ya construimos nuestra casita, no necesitamos nada mas, yo soy muy feliz aquí contigo.

-Pues si mi amor, pero allá les puedo dar mejor cosas a ti y a mis hijos. Estados Unidos, es un país muy bonito, "*La vida es mejor",* hay un poco mas de facilidad de obtener, algunas cositas.

Eso decía Cesar, como para tratar de convencer a su esposa, para que ella aceptara irse con él a los Estados Unidos.

-Además –añadió Diana, a mi me han contado, que la policía no quiere a los inmigrantes y que además ellos llaman a migración.

Eso es mentira – (cesar lo sin saber lo que avecinaba con el sheriff Joe Arpaio) -dijo Cesar, con seguridad-. La policía, no es mala, al contrario ellos te ayudan y también es mentira de la migra anda caminando en las calles. (Que grandes y felices fueron aquellos tiempos)

Hasta ese momento Cesar, tenía razón, en aquellos años no había temor de andar en las calles, las familias enteras o los padres de familia, podían salir confiados a la calle, sin temor de que ya no iban a regresar a su casa por las noches, en los tiempos en que Cesar, llego por primera vez a los Estados Unidos, no habían tantas leyes en contra de los inmigrantes. Si había leyes, pero para la gente indocu-mentada eran normales, como de que un indocumentado no podía reclamar el desempleo o desabilitacion. Pero con el tiempo todo eso cambio, cada día los legisladores pasaban leyes en contra de la gente indocumentada, no solo en el estado de Arizona, si no en muchos de los Estados de la Unión Americana, leyes que para algunos -tienen un aire de racismo, pero mucha gente prefiere llamarles...Leyes antiinmigrantes.

A pesar de la insistencia de Cesar, no pudo convencer a Diana, ella desde siempre saco a relucir su carácter fuerte y decisivo. Pero en esa ocasión, ella se sintió un poco mal al no querer compartir con su esposo, la intención de irse a vivir a los Estados Unidos.

Cesar cada vez, que podía le insistía a su esposa con lo mismo.

-Yo, allá les puedo ofrecer mejores cosas que aquí.

Está bien –dijo Diana, al mismo tiempo que con un resoplido removió un mechón de cabellos que pendían de su frente.- Pero con una condición.

¿Cuál? –Dijo Cesar, al mismo tiempo que sonreía lleno de satisfacción.

-Que si no nos acomodamos rápido o si no nos acostumbramos, nos regresamos. ¿Aceptas o no?

-¡Claro! -Dijo él, te lo prometo, si no te acostumbras tu o los niños nos regresamos.

¿Es una promesa? – Dijo Diana, al mismo tiempo que lo abrazaba y le demostraba su amor.

– Te lo prometo.

Pronto comenzaron a hacer planes y arreglando todos sus asuntos, se dispusieron a abordar el autobús con destino a Agua Prieta, Sonora. Entre sollozos, abrazos, saludos y buenos deseos se despidieron de todos los familiares. Cesar, iba lleno de ilusiones, sueños, metas sus deseos de unían los millones de personas; que desean una cosa al tomar la decisión de venir al Norte..."Todo....por una vida mejor para sus familiares".

Y así, Cesar, Diana y sus dos pequeños hijos, Irving y Marvin, salieron de Guadalajara, Jalisco, el 8 de Mayo de 1989.

En esa ocasión como en la anterior, le fue fácil a Cesar y a su familia cruzar la frontera. Llegaron a vivir con su hermano.

Sorpresa inesperada.

Al siguiente día que llegaron a la ciudad de Phoenix, Arizona. Cesar, noto algo raro en su esposa.

-¿Te pasa algo? Te conozco y sé que a ti te pasa algo.

En el rostro de Diana, se dibujo una sonrisa, una sonrisa mezclada entre coqueteo y travesura, esa sonrisa la conocía Cesar, pues dese que él, la conociera sabia que cuando Diana, sonreía de esa forma era que ella ocultaba algo, la sonrisa de ella fue una de las muchas cosas; que contribuyeron para que él se enamorara de ella. Diana beso a sus hijos y sin borrársele la sonrisa de su rostro dijo en voz alta: ¡Estoy embarazada!

-¡Que! –Dijo Cesar-, en serio, ven acá mi amor.- Cesar, la lleno de besos por todos lados y como lo hi- ciera anteriormente, beso el vientre de Diana, Cesar, brincaba de la felicidad.

-¿Y porque no me lo dijiste mi amor?

-Lo que pasa es que no te quería preocupar –expreso Diana, al mismo tiempo que se acariciaba su vientre.

¿Preocuparme por qué? –dijo Cesar, al mismo tiempo que acompañaba a Diana, en su caricia.

-Pues como íbamos a cruzar la frontera, no quería yo darte más preocupaciones.

-¿Y cuanto tienes de embarazo?

-Como cinco o seis semanas –dijo Diana, al mismo tiempo que alimentaba a sus bebes.

Cesar, la contemplo y le dio gracias a Dios, por la esposa que le había tocado, buena madre, una mujer cariñosa, buna amiga. Cesar se acerco a ella y la beso al mismo tiempo que le decía:- ¡Gracias mi amor!.. ¡Gracias amor por el próximo bebe! -Ya vamos a dormirnos- sugirió Diana, ya es tarde y mañana tienes que trabajar.

Cesar, ya no tendría que comenzar el salario mínimo, pues su patrón le respeto el salario que tenia de la vez pasada. Su patrón llamado Martin, era de San Marcos, Aguascalientes, México.

3

En los siguientes días el primer cumpleaños de sus hijos coincidió, con la adquisición de su apartamento, su nuevo hogar. Y lo celebraron haciendo una pequeña fiesta. Diana al igual que cientos o miles de personas, se quejaban del sofocante calor, a ella le toco llegar a Phoenix, en pleno verano, había días que la temperatura subía a más 116 grados.

Paso el tiempo y se llegaron los días del alumbramiento de Diana, en esta ocasión no sería un varoncito, si no una mujercita. Todo fue felicidad en la casa de Cesar, algunos de sus compañeros de su trabajo lo acompañaron es ese momento. Después de una serie de nombres, decidieron llamarla, Gabriela.

-Es un bonito nombre- dijo Diana, aun convaleciente por el parto. Gabriela, nació el lunes 4 de diciembre de 1989.

En los siguientes días, se celebraba la navidad, algunos decían que la pequeña Gaby, así le llamaban algunos de cariño; decían que ella había sido un regalo de navidad, aunque adelantado pero así lo veían ellos. Meses después se compraron, su primer carrito, un poco viejo pero al fin tenían su propio auto; parecía que Diana, poco a poco, se iba acostumbrando al trajín de la ciudad, a ella le parecía que el tiempo pasaba más rápido en los Estados Unidos, que en México. Diana se quedaba en casa a cuidar sus hijos, pues Cesar, nunca compartió la idea de algunos de sus compañeros de los dos trabajaran y le pagara a una niñera.

Cesar, ganaba lo suficiente como para poder mantener su casa, si tenía que trabajar algunas horas extras lo hacía con tal de su esposa no tuviera que trabajar. El tiempo paso tan rápido que Diana dijo:- ya el próximo mes entraran al preescolar, nuestros hijos.

-Si –dijo Cesar, ya quiero que empiecen a hablar inglés.

Ya para ese tiempo Diana y Cesar, habían comprado un curso de inglés y ya lo dominaban al menos en un cuarenta por ciento.

-Me gustaría, que fueran militares, marineros, licenciados o doctores –decía Diana, al mismo tiempo que los cobijaba y que mi Gaby, sea una buena, ama de casa.

Todos los fines de semanas después de ir a la iglesia, toda la familia, se iba a pasear a los centros comerciales. Cesar, trataba que su familia fuera lo más feliz posible, aunque de vez en cuando los atacaba la nostalgia, y extrañaban a la familia de México. Pero trataba de mantenerse en contacto con ellos.

Por su parte Diana, le daba gracias a Dios, por el esposo que ella tenía, pues él no era un borracho, no fumaba y no se iba con sus amigotes de parranda. Esa fue una de las condiciones de Diana, de que si el empezaba con sus borracheras o irse de parrandero, ella de inmediato se regresaba para México. Pues ella veía como algunos de los compañeros del trabajo de Cesar, aparte de que se iban de borrachos, llegaban a sus casas y golpeaban a sus esposas.

Diana, había salido de una familia que había sufrido mucho de violencia domestica y ella no estaba dispuesta a sufrir lo mismo que su madre y su hermana mayor. Diana, en una ocasión le dijo a Cesar, determinante mente: *"El día que tú me golpees, agarro a mis hijos y jamás me vuelves a ver"*.

Diana, era una mujer de firmes decisiones y Cesar, sabía que ella, no soportaría malos tratos, pero por su parte Diana, trataba de ser una buena ama de casa y también trataba de no hacer cosas o decir algo que hiciera que Cesar, se molestara; tenían problemas como todo matrimonio, desacuerdos en decisiones que el tomaba, pero al final de cuentas la razón y el amor que había entre ellos, era quien sobresalía a sus problemas.

El tiempo siguió su curso y los niños creciendo. La familia se compro un auto semi nuevo, parecía que todo iba bien, pero un gran temor se iba apoderando de Diana, pues cada vez que ella miraba el noticiero local se daba cuenta de la juventud, cada vez esta mas perdida, las pandillas, cada vez crecían mas y mas, desafortunadamente las principales víctimas, eran los jóvenes. Jóvenes que no son capaces, que no tenían o no tienen la suficiente capacidad de decidir, por sí mismo y se dejan mal influenciar por sus supuestos "amigos". Amigos que solamente los llevan a tocar puertas falsas como las drogas, robar, golpear a gente inocente. El temor de Diana, era que sus hijos iban a crecer en ese ambiente, pero ella confiaba en que les estaba dando una buena educación. Le infundía el respeto a los demás, el amor al prójimo, principalmente el temor a Dios, (ella era muy creyente a Dios) y sabia que si la gente tiene temor a Dios, eso hace respetar a los demás.

4

Diana, se dio cuenta como rápido comenzó a crecer la ciudad de Phoenix, poco a poco llego mas y mas gente, de México y América Latina. Esta gente trajo consigo una gran riqueza cultural, pronto se abrían, mas negocios, tiendas de abarrotería, con productos mexicanos y latinos, restaurantes de comida mexicana y centro americana, eso representaba una mejor *economía* para el estado de Arizona, con la llegada de la gente latina, se formaron nuevos trabajos, en aquel tiempo según las encuestas tanto las Vegas, Nevada, como Phoenix, Arizona, eran las dos ciudades de más crecimiento en toda la Unión Americana. Pero había un problema, la llegada de más gente hizo que el *pandillerismo* creciera, se formaban absurdas batallas ya sea en los colegios o en la calles, tratando de defender su raza, ya sea por el color de piel, o por su procedencia étnica. Diana, consideraba a las pandillas como una enfermedad, que destruye poco a poco al cuerpo, que es la sociedad. Todo esto trajo consigo una de las primeras leyes en contra de los inmigrantes. Fue en el año de 1996, después de ese año, cualquier persona que quisiera obtener una licencia de conducir del estado de Arizona, tendría que mostrar alguna prueba de residencia legal en los Estados Unidos. Pero esto, lejos de arreglar algo, empeoraría el trabajo para la policía, pues de ahí en adelante, la gente por necesidad ya sea de ir a trabajar, ir a la escuela, al hospital o simplemente a comprar la comida, conduciría sin una licencia. Eso origino que la gente se cambiara de nombre, que ya no pagaran sus multas de tráfico, que la gente huyera si estaba en vuelta en un accidente de tráfico. Tanto el DMV, como el gobierno, perdieron el número de hispanos que había en aquel estado, si la gente contara con un ID, o una licencia, tratarían de conservarla y así tendrían un seguro para su auto. Diana y Cesar, no tenían ese problema pues ellos habían adquirido su licencia años antes.

La vida siguió su curso y Diana trataba de educar lo mejor que pudiera a sus hijos, pero desafortunadamente fueron cayendo en las modas y malas amistades, de un tiempo a la fecha, se volvieron rebeldes, a pesar de su corta edad, ya le levantaban la voz y cada vez obedecían menos. Las visitas de Diana, a la es cuela eran más frecuentes, pues sus hijos eran muy irrespetuosos con los maestros. Diana, sabía que parte era culpa de las *malas amistades* de sus hijos. La mayoría de los amigos de ellos eran jóvenes, que habían crecido sin la influencia de sus padres, pues ambos trabajaban, eso es algo muy usual en los Estados Unidos pues algunos padres sacrifican a sus hijos. ¡Solo por unos cuantos dólares! Diana, día tras día, comenzaba una tetánica tarea, alejar a sus hijos de las malas amistades. Cesar, por su parte de igual forma los aconsejaba y reprendía pero desafortunadamente, sus hijos no sabían valorar el esfuerzo, que ellos hacían, Irving y Marvin, iban cayendo en un terrible camino, ellos al igual que cientos de jóvenes, tenían la tonta idea de que sus "amigos" los entendía mejor, que sus padres. Muy a su pesar Diana y Cesar, sabían sus hijos iban en caminos a las pandillas, pues comenzaron a hablar y a querer vestirse igual que los jóvenes miembros de pandillas.

5

Diana, se preocupaba mucho, aunque ella era de carácter fuerte, también era muy sensible y lo demostró en un acto que le pareció uno de los peores días para la Unión Americana.

-¿Por qué lloras? –Le pregunto Cesar a Diana, mientras se sentaba junto a ella.

Diana no dijo nada solo se limito a seguir llorando.

Cesar, al no obtener respuesta, se preocupo -¿Mis hijos están bien, les paso algo? "Respóndeme".

Diana, estaba sumida en un gran pesar, se limpio las lágrimas y dijo al fin.

-Hoy ha sucedido una terrible desgracia.

-¿Qué paso? ¿Mis hijos están bien? –Volvió a preguntar.

-Sí, ellos están bien –respondió.

-¿Entonces porque lloras?

-Hubo un ataque terrorista en la ciudad de Nueva York y murieron miles de personas.

-¿Pues qué paso?

-Un grupo terrorista, secuestro a varios aviones comerciales y a dos de ellos los impactaron en las torres gemelas de Nueva York y perdieron la vida muchas personas.

El rostro de Cesar, se lleno de un gran pesar al escuchar la terrible noticia. Fue un día triste no solo para el pueblo americano, sino para toda la población en general, incluyendo a hispanos, asiáticos, africanos, o de cualquier parte del mundo, para todos era un día triste, un septiembre negro. El 11 de septiembre del 2001, se lleno de luto la Unión Americana, pues habían recibido el peor ataque terrorista de su historia. Pe-ro lo que Diana y Cesar, no sabían era que ese ataque terrorista recuperaría en su estatus migratorio. Pues el gobierno en un afán de *"proteger"* sus fronteras, iniciaron la construcción de un muro en la frontera con México, según ellos para que por ahí no pasaran terroristas a su país. Meses después el gobierno de los Estados Unidos, iniciaría una de las *perores cacerías* en contra de los indocumentados. Si bien es cierto, que muchos hispanos han cometido crímenes, pero no es justo que paguen justos por pecadores.

En los siguientes días, Diana, veía con tristeza como el ejército de los Estados Unidos, se preparaba para una "*Guerra en contra del terrorismo*", pero la tristeza que sintieron Diana y Cesar, en el ataque a las Torres Gemelas. Y que el presidente George W. Bush, haya convocado a una guerra, no era nada a comparación de la tristeza que iban a embargar su corazón.

Pasaron los meses y los hijos de Diana y Cesar, iban de mal en peor, llegaban tarde a la casa y en dos o tres ocasiones no llegaron a dormir. En una ocasión Cesar, recibió una llamada a su teléfono móvil, era del departamento de policía, Irving y Marvin, habían sido sorprendidos por la policía cuando intentaron robar el auto estéreo de un lujoso auto.

Para Diana, era vergonzoso ir a sacar a sus hijos de la cárcel, a ellos no les faltaba nada, no tenían necesidad de robar y ante los reclamos de Diana y Cesar, sus hijos respondían lo mismo de siempre.

-¡Aliviánate jefa! Ya son otros tiempos, todo ha cambiado, es otro mundo.

- Ustedes no nos entienden, nuestros "amigos", si nos comprenden.

-Amigos, esos son tus amigos –decía Diana, muy molesta-. Ustedes consideran amigos a esos tipos que los están convirtiendo en unos rateros y miren esas fachas de cómo se visten, con los pantalones que parecen faldas, llenos de aretes, así quieren andar ustedes, que cuando la gente los mira en la calle les saca la vuelta, por temor de ser asaltados. ¿A si quieren andar ustedes?

-Pues la verdad si jefa y hasta la gente nos respeta.

-Respeto –dijo Cesar-, ese no es respeto, la gente les saca la vuelta, no por respeto, si no por miedo y temor, el respeto, es mucho mejor que el miedo.

El miedo provoca cobardía, malos deseos, problemas, ataques a traición, enemistades, sin embargo el respeto provoca, cariño intención de ayudar, hacer buenos amigos y le dije *buenos amigos,* no con esos tipos que se juntan.

-Pues nosotros preferimos a estos amigos, estos son divertidos y nos gusta el peligro.

-No saben lo que dicen y espero que cuando lo sepan, no sea *demasiado tarde* –dijo Diana, terminando con la plática e imponiéndoles un castigo.

Aunque Irving, y Marvin, tenían restringidas sus horas de salida, se la ingeniaban para escaparse, ya sea mintiendo o por la ventana, siempre se las arreglaban para salir de casa. Diana, sabía que si sus hijos no llegaban a las 11 de la noche era porque andaban con sus "amigos" haciendo algo malo. Y eso era por lo regular los fines de semana.

Llamada jamás deseada.

Era sábado, Diana, Cesar y Gaby, estaban despiertos esperando a que Irving y Marvin, llegaran a su hogar. Pasaban los minutos y la angustia se apoderaba de la familia, eran las dos, tres, cuatro de la madrugada y los gemelos no llegaban, amaneció y no tuvieron noticias de ellos. Llamaron a la policía y después de darle los datos al oficial, este se retiro. Diana y Cesar, le pedían a Dios, que sus hijos estuvieran con bien.

Eran las cuatro de la tarde. Cuando el singular sonido del teléfono saco a la familia de sus pensamientos, Diana, corrió hacia el teléfono y contesto, al otro lado de la línea hablaba una mujer.

-¿Estoy hablando a la casa de la familia Rodríguez?

-¡Sí! – Contesto Diana, apresuradamente- ¿Quién habla?

-Estoy hablando de la oficina del sheriff, del condado Maricopa.

Una gran preocupación invadió el corazón de Diana- ¿Y en que le puedo servir?

-¿Puedo hablar con el Señor Rodríguez Por favor?

-¿Quién es? –pregunto Cesar, desde la sala.

-Es de la policía -contesto Diana-, y quieren hablar contigo.

Cesar tomo el auricular.

-Sí, dígame ¿En qué le puedo servir?

-¿Es usted el Señor Cesar Rodríguez? –pregunto la operadora.

-Sí, yo soy ¿En qué le puedo ayudar?

Cuando Cesar, escucho lo que la operadora le tenía que decir, se le aflojaron las rodillas, el teléfono se le escurrió de entre las manos, sintió un mareo y cayó sobre sus rodillas y comenzó a llorar.

-¿Qué paso, que te dijeron?.... preguntaba Diana, con la angustia reflejada en su voz.

Cesar, estaba impávido, no decía nada solo lloraba.

-¿Qué rayos te dijeron, porque no hablas? -Volvía a preguntar Diana, mientras lo zarandeaba por la solapa de su camisa.

Cesar, la miro a los ojos y como pudo dijo: -¡Nuestros hijos están muertos!

¡Que! – dijo Diana, entre un mar de llanto- ¿Estás seguro?- La respuesta de Cesar, fue como un dardo caliente que atravesó el corazón de Diana.

Diana, se llevo una mano a la boca y con la otra se sostuvo de la silla pues estuvo a punto de caer fulminada por la noticia recibida.

-¿Estás seguro que son ellos? –preguntaba desesperada

-Eso dijo la operadora -dijo Cesar al fin, pues aun no podía asimilar la noticia.

-¿Y si es un error? Tal vez los confundieron.

-No lo creo -dijo Cesar- la policía encontró la identificación de ellos en su cartera.

-¿Y en donde están?

-Aquí cerca por la 35Av. y la Dunlap.

-Pues vamos- dijo Diana, apresurada y esperando en Dios, que fuera una confusión.

Durante el trayecto, Cesar, le explico a Diana, que según la operadora de la policía, hubo un tiroteo entre pandillas y fue así como aparentemente Irving y Marvin, resultaron muertos.

Diana, de un salto se bajo del auto móvil y se dirigió hacia la fatídica escena.

-¡Yo soy la madre de ellos! –Le decía Diana, al oficial del sheriff, que le impedía el paso- ¡yo soy la madre!

Como pudo Diana, se zafó del oficial y se dirigió hacia los cuerpos que yacían inertes sobre el piso, Diana, removió la sábana blanca ya manchada de sangre que los cubría y al mirar el rostro de ellos, desde los más profundo de su alma salió un grito lleno de dolor.

-¡No!... ¡No!... ¡Mis bebes! … ¡No!- sus gritos eran desgarradores.

Se arrodillo frente a ellos y los comenzó a besar, Diana, les hablaba como queriendo revivirlos, pero todo era inútil, sus bebes hacia más de una hora que habían muerto.

Cesar, al igual que Diana, estaba inconsolable, los apretujaba contra sí y los besaba. La pequeña Gaby, los acompañaba en su llanto. Era tan lastimoso y amargo el llanto de Cesar y Diana, que el oficial del sheriff; sintió como rodaba una lagrima por su rostro y se quito la gorra en señal de duelo.

Diana, no dejaba de besar a sus hijos, los acariciaba y los movía. Levanto sus ojos al cielo y con voz llena de dolor preguntaba, ¿Por qué, porque?

En los meses en que sucedió la tragedia, también se presentaban tormentas eléctricas y de arena, a esa temporada se le conoce como el monzón de verano.

Segundos después de que Diana, preguntara ¿Por qué, porque? Un rayo cruzo la ciudad de lado a lado, el oficial miro hacia arriba, y por su mente paso un sentimiento, era como si el cielo le respondiera a Diana, y le mostrara que estaba con ella en su dolor, al soltar un estruendoroso rayo.

Diana, se coloco a Irving, sobre sus rodillas y los acariciaba y lo besaba, tomo la mano del chico, y se la puso sobre su rostro, y la movía como queriendo sentir que era el por su propia voluntad quien la acariciaba e hizo lo mismo con Marvin. Lloraba y gritaba como si hubiese vuelto loca, loca de dolor de haber perdido a sus hijos. De repente Diana, se quedo callada, ya no decía nada.

Cesar, la abrazo, como tratando de consolarla.

¿Qué pasa? –pregunto Cesar, al notar el silencio de ella.

-¡Están dormidos! Dijo ella, no hagas ruido, que vas a despertarlos.

--¡Oh no! – Pensó Cesar- ojala que esto no le afecte mentalmente.

Diana, después de varios segundos volvió a soltar otro grito desgarrador.

-¿Por qué mis bebes? ¿Por qué ellos?

Un gran sentimiento de tristeza invadió el corazón de los oficiales de la policía, que estaban presentes. Aunque la mayoría de ellos ya habían presenciado escenas como esta, ellos por alguna razón sintieron que esta era diferente, podrían notar por la actitud de Diana y Cesar, el gran amor de ellos hacia sus hijos.

Minutos después a lo lejos se escuchaba la ambulancia con su singular sonido de su sirena. Sonido que mucha gente lo conocía como >>*el llanto de las desgracias*<< llanto que algunas o más bien ninguna persona jamás quisiera escuchar, mas si es por alguno de sus parientes.

-Disculpe señora- dijo el sheriff- la ambulancia tiene que levantar a sus hijos.

-¡No, por favor, no se los lleven!- exclamo Diana, mientras que besaba cariñosamente a sus hijos-   ¡Todavía no se los lleven!

Cesar, acaricio el rostro de Diana, y como pudo dijo: – Mi amor se los tienen que llevar.

Diana, miro a Cesar y luego miro que sus manos que estaban empapadas de sangre, sangre que emanaba por las perforaciones que tenían sus hijos, producidas por los impactos de bala.

- ¿Por qué tenían que morir así?.... ¿Por qué aquí… tirados en la calle?

Cesar, no sabía que responder, pues al igual que Diana, estaba deshecho por los acontecimientos. Gaby, se abrazo de su padre y le decía:

¡Tengo miedo, papa!...!Tengo miedo!... Los pandilleros los mataron ¿No nos mataran igual a nosotros?

-No, mi princesa, no tengas miedo, esos cobardes no nos harán nada a nosotros.

Cesar, Diana y Gaby, se hicieron a un lado para que las personas encargadas de recoger los cuerpos, hicieran su trabajo. La ambulancia se alejo, con las luces de su torreta encendidas, era como si por todas las calles que esta pasaba, anunciaba que en aquella ciudad había ocurrido una desgracia mas.

Mientras seguían a la ambulancia, Diana, recordaba la posición de cómo había encontrado a sus hijos, Marvin, estaba boca arriba e Irving, le sostenía la mano, al parecer primero murió Marvin y después Irving, pues había manchas de sangre, parecía como si Irving, se hubiese arrastrado, y murió sosteniéndole la mano. La vida le había dado dos alegrías a Cesar y Diana, y la muerte les había dado una doble tristeza, los dos habían llegado juntos a la vida y los dos se fueron juntos a la muerte.

El entierro.

Horas después les entregaron los cuerpos. Cesar y Diana, se dispusieron a darles sepultura. Diana, no dejaba de besarlos y acariciarlos Cesar, siendo un poco mas fuerte trataba de consolarla. Todos los amigos de la familia los acompañaron a los servicios fúnebres y sabían que tanto Diana, como Cesar, había hecho lo posible por que sus hijos se alejaran de las *malas* compañías y *peores* amistades, pero ellos prefirieron seguir malos pasos.

La tierra fue cubriendo poco a poco los ataúdes, dentro de las cajas había dos víctimas más de una de las *enfermedades* como las llamara Diana. Las pandillas son una de las peores enfermedades de la humanidad. Irving y Marvin, perdieron sus vidas inútilmente, pues ellos acogieron la falsa idea de proteger un barrio, de defender un numero, un color, una nacionalidad, sus supuestos amigos los llenaron de ideas, ideas que solo los llevaron a la muerte. Ellos ahora ya están bajo tierra mientras que sus “amigos” siguen por ahí con la misma mentalidad reclutando jóvenes, para unirlos a sus pandillas.

Diana, y Cesar, con el corazón destrozado colocaron una flor sobre las tumbas y se marcharon a su casa.

Les toco vivir una de las tantas tristes realidades que se viven día con día en los EE. UU.

Diana, no podía asimilar la muerte de sus hijos, pues en los primeros días, ella colocaba en la mesa, los platos, vasos, y cubiertos, como esperando que ellos llegaran a comer, pero con el paso de los días se hizo a la idea de que sus hijos *nunca* más llegarían a comer. Lo único que ella no asimilaba era que sus hijos hubiesen perdido las vidas tan jóvenes a solo días de haber cumplido quince años de edad y lo habían hecho de una forma tan *inútil* como otros tantos miles lo han hecho y lo harán… en las pandillas.

Cesar, por su parte, sentía en su corazón un gran peso de culpabilidad, pues por su mente pasa el pensamiento de que si él no se hubiera traído a su familia de México, a los Estados Unidos, quizá a sus hijos no los hubieran matado tan a temprana edad. Pero el, ya no podía hacer nada, pues el pasado ya no se puede cambiar, lo único que le quedaba por hacer era pedirle a Dios, que los ayudara a salir de la crisis en que su familia se había sumergido.

El se sentía muy mal emocionalmente cada vez que veía a Diana besar la foto de sus hijos antes de dormir. Y no había noche en que ella lo hiciera. Diana, notaba que su esposo se sentía responsable; por la muerte de sus hijos. Gaby, por su edad asimilo un poco más rápido la pérdida de sus hermanos.

Diana, trataba de ayudar y apoyar a las organizaciones o instituciones, que luchaban en contra de las pandillas.

6

Diana, se pasaba todas las tardes frente al televisor, siempre con la esperanza de escuchar que "La Guerra en Irak". Había llegado a su fin, pero por el contrario a eso, cada día aumentaba las bajas del ejército americano, ella por ser hispana, resentía aun más la muerte de un soldado hispano. Pero lo hacía sin dejar de orar a Dios, por el resto del ejército.

En una de esas tardes en que Diana, escuchaba las noticias, llego hasta ella una terrible noticia. *"El servicio de inmigración comenzó a hacer redadas*". A esa redada de inmigración, le siguió una y otra y otra, hasta que todas las organizaciones que apoyan a los campesinos, convocaron a un paro laboral, que se haría efecto el 1ro de Mayo del 2006. Las organizaciones le pidieron a todas las personas hispanas, (las personas más o más bien las únicas afectadas en las redadas de inmigración) que no asistieran a sus trabajos, que no compraran nada, ni gasolina, ni comida, que no gastaran ni un solo centavo, con el propósito de que el gobierno americano, se diera cuenta de que el hispano era de gran peso en la economía de los Estados Unidos. EL paro laboral causo un gran impacto en la comunidad, pues en ese día, los campos agrícolas, estaban vacios. Las tiendas perdieron una gran cantidad de dinero pues sus productos perecederos se echaron a perder, cosa que el gobierno americano supo… pero no quiso aceptar.

Las grandes tiendas, que tienen sucursales en México y América Latina, resintieron en sus ventas el llamado al *paro laboral*, pues, la gente desde sus países apoyo a sus familiares en los Estados Unidos, no comprando nada en las tiendas de procedencia americana. El principal motivo de las marchas y plantones frente a los edificios federales y capitolios, fue para presionar a la "–legislatura- a aprobar una reforma migratoria que beneficiara a más de doce millones de inmigrantes en los Estados Unidos". << Esta es una cifra que se maneja en las estadísticas, pero la verdad hay más de doce millones de personas que residen ilegalmente en los Estados Unidos, mucha gente se oculta por miedo, miedo de salir a la calle, pues ahora en varios estados y condados de la Unión Americana, varios departamentos de la policía, ya tiene el poder de pedir algún papel o prueba de su residencia en los Estados Unidos >>.

Pero esta marcha en pro de la reforma migratoria, despertó sentimientos raciales que estaban dormidos o más bien, yo diría que estaban en espera de una oportunidad de sacarlos a la superficie, pues de ahí en adelante se hicieron más públicas las marchas en contra de los inmigrantes. A raíz de eso un grupo antiinmigrante >>*Minutemen*<< se reforzó a un mas para ir en caza de las personas que intentaban cruzar la frontera ilegalmente principalmente por el estado de Arizona. Este grupo en su afán de detener a los ilegales construían un "miserable muro" en la frontera de los Estados Unidos y México. Lo peor de todo es que en este grupo anti-inmigrante militan personas de descendencia hispana, hijos o nietos de hombres o mujeres que alguna vez, hace varios años llegaron de *ilegales* a este país, cosa que no cabe en la razón de estos hispanos antiinmigrantes, que lo único que reflejan es la mediocridad que tienen en su corazón, estas personas en lugar de estar cazando inmigrantes, *¡cosa que no les corresponde!* deberían de darle gracias a Dios, por haber nacido en un gran país como este, y que nunca han pasado necesidades, hambres, enfermedades o que nunca han arriesgado su vida al tratar de venir a este país como ilegales. Estas personas que cazan a personas de su propia raza, son una vergüenza para cualquier grupo étnico.

Lo que igual son una vergüenza son aquellos políticos que usan en sus campañas publicitarias, alguna propuesta o enmienda en contra de los indocumentados, muchos políticos que hoy son desconocidos mañana ya son un poco más conocidos por el público, por haber propuesto una ley antiinmigrante, y eso pasa principalmente en el estado de IOWA, muchos candidatos, ya sea para senadores, alcaldes, gobernadores o cualquier otro cargo político, usan como escalón a los inmigrantes, pues con tal de obtener los votos de sus seguidores, en especial, los del grupo conservador (Republicano) no les importa pisotear a los inmigrantes. Lo que a Diana, le parecía una vergüenza, pues habiendo muchas otras cosas en las que un político pueda usar para su campaña de elección o reelección, pero no, si no que usan a los inmigrantes como conejillos de indias, como ratones de laboratorio, es como una moda de que si un político se quisiera hacer más notable o publico, simple y sencillamente propone enmiendas antiinmigrantes. Enmiendas que desafortunadamente aceptaban las legislaturas de diferentes estados para convertirlas en ley.

Para diciembre del 2006, se organizo por parte del Servicio de Inmigración una de las redadas más grandes de los últimos años. Diana recordó que en unos años anteriores hubo algunas redadas de Inmigración en Arizona, pero ella nunca escucho que hubiese habido una tan grande con esa. El martes 12 de Diciembre del año 2006, fueron arrestadas más de 1200 personas privándolas de su libertad, según el servicio de inmigración estas personas fueron detenidas por robo de identidad, postura que ha sido rechazada por muchas organizaciones, porque si en realidad el grupo ICE, investigara cada robo de identidad que hay en los Estados Unidos, hubiera tras las rejas miles y miles de personas que verdaderamente se dedican a robar la identidad de otras personas, para cometer fraudes, robos, y extorciones, . Los detenidos fueron un revoltijo de nacionalidades, pero en esta y otras ocasiones en que el ICE, alega que se detuvieron a los que robaron la identidad de otra persona solo son inmigrantes, de apariencia hispana ¿Un poco raro que no? Las redadas de Diciembre 12, se efectuaron en empresas de frigoríficos y empacadoras de carne en los estados de: TEXAS, NEBRASKA, COLORADO, UTAH, IOWA Y MINESOTA.

Así uniéndose a otros estados en donde las redadas de inmigración son el pan de cada día, muchos hijos, esposas o esposos, en ese día se vieron abruptamente separados de ellos; a muchos niños, nadie los fue a levantar a la escuela o con las niñeras. Muchas familias pasaron por sus gargantas el sabor amargo por la desconsideración de la que fueron objetos al ser separados.

Según el servicio de inmigración el grupo "inmigración y Customs Enforcemen". (ICE). Es el encargado de buscar y arrestar a personas que enfrentan una orden de deportación y que se andan escondiendo, pero la realidad es otra, este grupo ICE, arrasa con todo lo que se le pone en frente, principalmente, si son de apariencia hispana, ellos hacen su trabajo, lo cual se respeta, pero el problema es que a ellos no les importa la situación de algún detenido, para ellos es un ilegal mas y se acabo. Mucha gente o en su mayoría dejan sus pueblos en busca de una vida mejor, salir de su pobreza, mucha gente se viene a los Estados Unidos, para poder mandarle a sus familiares unos dólares que pueden hacer la diferencia entre la vida y la muerte, pues algunos padres y familiares de las personas que arriesgan su vida al venir de indocumentados al Norte, necesitan medicinas y cuidados médicos, los cuales son muy caros y en muchos casos la única opción es venir a los Estados Unidos, a trabajar. Es muy sabido y como lo reconocía Diana, algunas personas que llegan a los Estados Unidos, se convierten en *criminales,* pero lo cual es solo un pretexto de los políticos para decir que todos los indocumentados son >> *¡unos criminales!*<<. Esas son algunas de las propuestas de los políticos, de querer hacer pasar una ley en el senado de que ahora, un trabajador honesto que trabaje de 10 a12 horas, bajo el sol por el sueldo mínimo, que un trabajador que hace el trabajo que un anglosajón (americano) no quiere hacer, incluso que prefiere pedir limosna en la calle, que trabajar por el sueldo mínimo, que ahora un trabajador ya no solo sea un simple indocumentado, si no que ahora sea visto como… ¡Un criminal!

En los siguientes meses, las redadas se intensificaron, ahora no solo en los lugares de trabajo, si no en los supermercados, casas y departamentos, según el derecho que tiene un persona a sabiendas de que es un indocumentado, es de que si a la puerta de su casa llega el servicio de inmigración, la persona tiene el derecho de decidir si abre la puerta o no, cuando el servicio de inmigración, lleva una orden de cateo, entonces si es obligación de la persona abrir la puerta. Pero según los testimonios de algunas personas, los agentes amparados con ropa color azul, primero se identificaban como policías y cuando la gente abría la puerta de su casa ya era demasiado tarde pues los agentes ya se identificaban como *–inmigración-.*

Las redadas que se hicieron en los supermercados, sucedieron en la ciudad de Miami, Florida. Para esos días ya el presidente George W. Bush, le había propuesto al senado una propuesta de reforma migratoria, que beneficiaría a más de doce millones de inmigrantes >>*propuesta que no fue aceptada por la legislatura*<<. El presidente Bush, trataba de persuadir al senado, diciendo que los Estados Unidos de Norte América, se había formado de inmigrantes y que era sabido de que en parte, la economía de los estados Unidos, dependía de los inmigrantes, pero el senado no acepto sus argumentos así que el fallo de los legisladores fue en contra de la reforma migratoria.

En días posteriores el ICE, hizo otra redada en Portland, Oregón. En una empresa que se dedica a envasar o enlatar frutas y verduras, para ese entonces todos los operativos ya tenían nombre: **-"Devuélvase al remitente" - "El**

correo basura de la globalización"-. Ya los inmigrantes eran o son considerados como un objeto u objetos, en otras palabras, como algo sin mucho valor. El correo en los Estados Unidos, es uno de los más confiables de esta parte del globo terráqueo, cuando alguien recibe algo indeseado simplemente le pone al sobre o caja **"Back to sender"** *o "Devuélvase al remitente".* En este caso el objeto u objetos son los inmigrantes, el remitente... El resto de América.

EL ICE, afirma que la operación *"Devuélvase al remitente"* es para deportar o encarcelar a todas aquellas personas que hayan cometido un crimen, pero lo curioso es que todos los detenidos o deportados el único crimen que han cometido, es de trabajar en fabricas, en el campo, en procesadoras de carne, en jardinería, y todo esto por el salario mínimo, si esto es un crimen... Entonces los políticos tienen razón:

- *¡En Estados Unidos, habemos millones de criminales, legales o ilegales!*-

De las 167 personas que fueron detenidas por ICE, en Portland, Oregón. Algunas personas fueron puestas en libertad por razones humanitarias, algunas madres salieron por qué no tenían a nadie que cuidara a sus hijos o que requerían cuidados médicos, cada persona salió con una "tobillera o brazalete" con la intención de controlar a los lugares a donde iban, algo vergonzoso. Así, esta redada se unió a las efectuadas en los Ángeles, California, y en Queens, Nueva York.

El presidente George W. Bush, volvió a instar al senado con la propuesta de la reforma migratoria, en esta ocasión el ofrecían varios miles de millones de dólares para la construcción del muro fronterizo >>*muro de la vergüenza*<< para comprar más aparatos con tecnología vas avanzada para ayudar en la frontera para detener a la gente que quiere cruzar ilegalmente, aparte de la promesa de enviar más soldados a la frontera. En esa ocasión todo parecía que el senado, si aprobaría la enmienda. *Un rayito de luz aparecía* entre tanta obscuridad. Las miles de familias que hay en los Estados Unidos, se llenaron de esperanza; siguieron marchas en pro de los inmigrantes. Un locutor muy famoso –Eddie Sotelo- mejor conocido como >> el piolín de la mañana<< inicio una caravana hacia el capitolio-en Washington D.C.- recolectando cientos de miles de firmas a favor de la enmienda; cientos de personas se unieron a este locutor de la radio. Esta acción ha sido la única en su historia, pues este locutor, se fijo la meta de juntar un millón de firmas y lo logro, pero desafortunadamente ni un millón de firmas iba a convencer a el senado de aprobar la reforma. Pero aun así es de aplaudir y de agradecer no solo al -piolín de la mañana-, si no a todas aquellas personas que ponen su granito de arena a favor de los inmigrantes.

Millones de personas estaban expectantes frente al televisor esperando la noticia, esperaban que se diera el – ¡SI!- A favor de la reforma migratoria, pero después de varias horas el senado volvió a votar en contra de la reforma migratoria.

El 28 de Junio del 2007, se apago el rayito de esperanza, que tenían millones de indocumentados.

Llena de desaliento, tristeza y frustración, Diana, se dejo caer en el sillón y una lagrima rodo por su mejilla.

¿Qué paso si aceptaron darnos papeles? –Pregunto Cesar, cuando regreso de ir a levantar a Gaby de su trabajo.

-No - dijo Diana, llena de tristeza-, no aceptaron la enmienda, faltaron unos cuantos votos.

El hecho de que se aceptara la reforma significaba muchas cosas, que ya no serian ilegales, que Diana, así como miles de esposas, ya no se quedarían en casa preocupadas de que sus maridos cayeran en manos de inmigración, que ya no serian vistos por algunos políticos como criminales. Pero hasta ese momento las cosas *"no estaban tan mal"*, pues lo peor estaba por venir.

A los siguientes días de que fracasara la reforma ante el senado, un trabajador de la administración del presidente Bush, dio el anuncio de que cada empleador de los Estados Unidos, tendría que revisar cada *"Numero de Seguro Social"* de su empleado. Antes de ese anuncio, era opcional por el empleador el de revisar o no, cada seguro, pero ahora era una Ley Federal. Esa ordenanza o Ley, gracias a Dios, fue detenida por un juez por considerarla anticonstitucional, pero solo fue detenida por unos días. Y si otro juez no la volvía a detener, la ley entrara en vigor el 1ro de Octubre de 2007. Una vez que el empleador recibiera la carta tendría 90 días para despedir a su trabajador, si este no le muestra un número de Seguro Social, valido.

A esa mala noticia, se unió otra peor, la gobernadora de Arizona -Janet Napolitano-, junto con los legisladores de ese estado tomaron la ley en sus manos y aprobaron una ley, ley que gustosamente firmo el jefe de departamento del sheriff, de Arizona -Joe Arpaio. Esa ley de ahora en adelante le daba el poder a cada oficial del sheriff, que cada vez que detuviera a una persona y si el sheriff, por la apariencia de esta persona creía que era ilegal, el tenia el poder de exigirle a esa persona que mostrara alguna prueba de su residencia legal en los Estados Unidos y si la persona no puede mostrar alguna prueba de su estadía legal en el país, el oficial del sheriff, puede llamar al servicio de inmigración para que esta persona sea deportada a su país de origen.

La aprobación de esta ley sirvió, para hacer aun más pesada la atmosfera que rodea a la comunidad hispana en el estado de Arizona, este estado se unió a los que ya practicaban esa ley. Estados como Carolina del Norte, California, Colorado, Luisiana y Texas, entre otros. Debido a esa ley la gente comenzó a sentir cierto recelo hacia la policía, en especial hacia el departamento del sheriff. Ahora la gente tenía un doble temor, primero las redadas y después el sheriff. La gente que desde que se enteraron de esa ley, tenia aun mas temor de salir a trabajar, de llevar a sus hijos a la escuela, de ir a comprar comida, temor de que si algún familiar salía a comprar la leche para el bebe, tal vez ya no lo volverían a ver.

Con el paso de los días, la legislatura siguió aprobando leyes que afectaban principalmente a los inmigrantes hispanos. Siendo el sheriff, Joe Arpaio, uno de los principales impulsadores de las leyes en contra de los ilegales, Arizona, tristemente se convirtió en uno de los estados, mas antiinmigrantes de la Unión Americana.

-¿Dónde quedo aquella gobernadora que en su campaña política dijo que ella era amiga de los inmigrantes?... ¿En donde quedo?

Preguntas como esa surgían de entre la gente. La comunidad de Arizona, sabia de ante mano que el sheriff, Joe Arpaio, era o es muy estricto conforme a la ley, algo que en parte es bueno, pues con él no había tolerancia, pero lo que la gente no entendía, es porque ese cambio tan repentino en contra de los ilegales, la gente en sus oraciones hacia Dios, le pedían que le cambiara su forma de pensar y que lo bendijera.

Otra de las preguntas, que surgían de entre la gente era:

¿El gobierno hacia bien en darle un poder federal a los policías municipales?

¿Estos no cometerían errores?

¡Claro que los comenzaron a cometer! pues son seres humanos y eso se vio reflejado cuando por error deportaron a un pobre hombre, que no estaba bien de sus facultades mentales. Anduvo perdido en ciudades de México, que él no conocía, se perdió por el lapso de tres meses y que gracias a Dios, regreso con bien, pues lo encontraron cruzando la frontera de ¡ilegal! Si él hubiese muerto en su intento de cruzar la frontera, ¡Un perdón! ¿Hubiera sido suficiente? …No lo creo pero, para el gobierno tal vez si lo hubiera sido.

7

Otra de las cosas que se reflejo una vez que el sheriff, tuvo las funciones de inmigración fue la delincuencia y la familia de Cesar, no fue la excepción en sufrir tal acción.

Diana, escucho un ruido en el estacionamiento de los departamentos en donde vivía y decidió asomarse por la ventana y se llevo una gran sorpresa, vio a dos hombres merodeando su camioneta. Para ese entonces, Cesar, tenía que salir durante toda la semana, pues su lugar de trabajo estaba fuera de la ciudad. Diana, encendió la luz de su recamara con la intención de que aquellos hombres se alejaran de ahí, pero casi simultáneamente los tipos aquellos encendieron el motor de la camioneta tipo familiar y de inmediato emprendieron la huida.

-*¡OH NO!* -Pensó Diana- se la están robando, -¡NO!... No se la lleven – gritaba Diana, desde su recamara,

Gaby, entro a la recamara, asustada por los gritos de su madre.

-¿Qué pasa? – pregunto Gaby, un poco nerviosa.

-Se robaron la camioneta -respondió Diana, llena de rabia y frustración.

-¡¿Como que se la robaron?!

-Si mija -dijo Diana, al mismo tiempo que le daba un puntapié a la puerta del closet.

-Llama a la policía, rápido mama, a lo mejor los agarran, no han de ir muy lejos.

Diana, cogió el teléfono y marco a la policía >>Si bueno, dígame ¿Cuál es su emergencia? << dijo la operadora al otro lado de la línea.

Diana, no contesto.

-¿Cuál es su emergencia? –volvió a preguntar la operadora.

-No, ninguna -dijo Diana, al fin- disculpe me equivoque de numero.

¿Está segura?- dijo la operadora.

-Si – respondió Diana- no tenemos ninguna emergencia, disculpe.

¿Qué haces madre? –dijo Gaby, un poco extrañada de que su madre había dicho que no tenían ningún emergencia, no hacía muchos minutos les acababan de robar su camioneta.- ¿Por qué no los reportaste?

-Hija, ¿recuerdas que por lo regular cuando reportas un robo o cualquier cosa a la policía casi siempre viene un sheriff con ellos?

-¡Sí! ¿Pero eso que tiene que ver?

-No vez que ahora el sheriff, ya tiene el poder de exigirte los papeles y que tal si viene uno en esta ocasión y nos metemos en peores problemas.

-¡Rayos! – Expreso Gaby ¡Tienes razón!

-Ni modo mija, vamos a acostarnos y ya mañana le llámanos a la aseguradora, lo bueno es que tenemos cobertura completa, y ellos nos la van a *reponer* en su totalidad.

Se recostaron sobre la cama tratando de conciliar el sueño, con la esperanza de que la aseguradora les repusiera su camioneta; pero al siguiente día se llevaron una gran desilusión cuando escucharon que el agente de la a seguradora les dijo:

>>Pues lo sentimos mucho, pero si no tenemos un reporte de la policía no podemos procesar su reclamo <<. A pesar de la insistencia de Diana, el agente respondía lo mismo: >> Lo siento señora sin un reporte de la policía no hay reclamo, son políticas de la compañía. <<

Desalentada y triste, Diana, soltó un resoplido y se recostó sobre el sillón. Gaby no sabía que decir pues ella sabía que sus padres habían comprado esa camioneta dos años atrás, y que la habían pagado en efectivo, pues a ellos nunca les agrado la idea de endeudarse con las agencias de autos. En esa camioneta, se habían gastado los ahorros de más de tres años.

De repente, Gaby, soltó una carcajada.

-¿Estás loca? -dijo Diana-, ves que nos acaban de decir que si no reportamos el robo de la camioneta, la aseguradora no nos la van a pagar y tú te ríes.

-¡Ay Madre! me rio, porque es insólito lo que está sucediendo, ahora resulta que ya no podemos ni siquiera reportar un robo, esto es verdaderamente insólito.

Aunque la policía en sus comunicados de prensa alentaba a la comunidad a reportar cualquier crimen sin ningún temor, el pensamiento de las personas era diferente, la gente ahora por miedo se quedaría callada y se convertiría en una presa aun más fácil para los criminales.

En esas pláticas estaban Diana y Gaby, cuando de repente las interrumpió el timbre de la puerta. Era una mujer americana llamada Megan. Vecina de la familia. Esta mujer era una de las pocas amigas que ellos tenían. Es un poco curioso, pero una persona puede vivir por dos años o más años en un vecindario y ni siquiera llega a conocer al vecino que vive a unas cuantas casas, tal vez sea por la velocidad con la que se vive en los Estados Unidos, o por la cultura, o por cualquier otra razón, pero el punto es que es muy complejo que alguien llegue a conocer a todo su vecindario, todo lo contrario pasa en México o América Latina, principalmente en los pueblitos, allá se conoce la gente ya sea por apodo, por nombre, o por algún defecto, pero casi toda la gente se conoce.

-¿Por qué tienen esa cara de tristeza? –pregunto Megan.

-Pues es que nos acaban de robar la camioneta, bueno fue anoche pero la cuestión es que nos la robaron- respondió Diana.

-¿Y ya la reportaron a la policía?

Diana y Gaby, se miraron entre sí. Megan, noto la chispa de sus miradas y les volvió a preguntar -¿Ya la reportaron?

-¡No, no podemos!-señalo Gaby.

-Si es bien fácil - dijo Megan, en forma de broma- nomas tomen el teléfono llamen al sheriff, o la policía y listo.

Diana, le explico en pocas palabras, el *por qué no Podían*, o más bien que aun no habían reportado el robo a la policía, por temor de que llamaran a migración.

-No sabía de esa ley- espeto Megan- es algo absurdo, si eso les pasó a ustedes hoy, que me puedo esperar yo mañana, cuando el crimen sea algo incontrolable.

Así como Megan, que no sabía de esa y otras leyes en contra de los inmigrantes, hay muchos americanos que no saben o no les interesa que haya leyes en contra de los indocumentados.

-Pero si los echan a ustedes para su país ¿qué vamos hacer nosotros? –Dijo Megan, al enterarse que para el mes de Agosto del 2007, ya habían sido deportadas mas de >> *doscientas cincuenta mil personas*<<, y que las redadas de migración seguían muy constantes.

-¿Quién va a trabajar en los campos? ¿Quién va a cortar nuestra verdura, si el gobierno hecha para fuera a todo los inmigrantes? Ustedes forman una buena parte de la economía del país. ¿Qué va a pasar sin ustedes?-decía Megan sin salir de su asombro.

-Pues no lo sabemos -dijo Gaby-, lo que sí sabemos es que cada día esto se pone más difícil para nosotros vivir en este estado.

-Muchos inmigrantes- siguió hablando Megan-, sufren humillaciones, maltratos, hacen trabajos que nadie quiere hacer, no puedo creer que haya políticos que los quieren considerar como criminales.

-Pues así está la situación-, inquirió Diana- y nosotros no podemos hacer nada.

-¿Y ya le aviso a su esposo?

-Aun no -respondió Diana- le voy a avisar esta tarde cuando se comunique conmigo, pero no creo que su sentir sea diferente al nuestro.

Y en efecto, Cesar, a pesar de su indignación opto por no llamar a la policía, pues sentía el mismo temor que su esposa e hija.

Aunque algunos departamentos de la policía no han aceptado abiertamente, que desde que el gobierno federal le dio poderes de *inmigración* a la policía, el crimen ha aumentado. La realidad es triste pues ahora la gente principalmente la indocumentada prefiere no reportar algún robo, acoso sexual, humillaciones, maltratos y violencia domestica entre otros, pues la gente prefiere callar ante el temor de sufrir una deportación, por eso es que el gobierno dice que el crimen no ha aumentado, pero es por el silencio de la gente, - no por que no haya más crimen.

Diana, veía como la gente poco a poco se iba mudando a otro estado o en su defecto se regresaban a su país, esa fue una idea que cruzo por su mente.

-¿Qué tanto le ves a ese billete? -Le pregunto Cesar, a Diana, mientras el acomodaba los platos para la cena.

-¿Qué está escrito en esta parte del billete? -pregunto Diana, mostrándole a Cesar el billete que sostenía en sus manos.

-"En Dios confiamos"-respondió Cesar.

-¿No se te hace raro? –pregunto Diana.

¿Raro? – Dijo Cesar- no, yo lo he leído cientos de veces y a mí no me parece nada raro.

-Lo raro -dijo Diana, al fin-, es que los políticos en sus compañas siempre dicen:

-*"Dios bendiga a América*". Y lo raro es que América, esta por demás bendecida, pero eso sí, América, no quiere bendecir a nadie, una gran bendición de parte de América, sería una legalización para todos los ilegales, pero está muy lejos de que eso suceda, ya el presidente Bush, fracaso dos veces ante el senado con lo de la reforma migratoria.

-Si mi amor ¿pero que le podemos hacer? Nosotros no podemos obligar al gobierno a que nos dé una gran bendición como esa.

-Ya lo sé -acepto Diana y a veces me da miedo el rumbo que este país vaya a tomar o que está tomando.

-¿Aquí te refieres madre? –pregunto Gaby, mientras calentaba las tortillas para la cena.

-Son varios los puntos -explico Diana, sin dejar de mirar el billete:

Primero: Todas las deportaciones masivas, hasta ahorita van más de 265,000 personas deportadas en los últimos dos años. Segundo la construcción del muro fronterizo entre México y los Estados Unidos, me da tristeza que este país se convierte en un tipo "Alemania NAZI"

-¡En una Alemania NAZI! –Espeto Gaby - ¿Qué tiene que ver ese país con este?

-Primero que el muro que quiere hacer los Estados Unidos, no va a servir para nada, lo único que está ocasionando son más muertes, ese muro no es más que un "Muro a la vergüenza", pues el gobierno piensa que con un muro va a arreglar lo que ellos no han podido con su política, los mismos *oficiales* de inmigración reconocen que el muro no es la solución. El muro de Berlín, ¿Para qué sirvió?...Para nada sirvió, según el gobierno americano, la intensión de construir el muro es con la finalidad de evitar, que la gente siga cruzando como ilegal y que entre esta gente no crucen *"Los terroristas",* pero ya se comprobó que ningún terrorista que estuvo involucrado en el ataque del 11 de Septiembre, que ninguno de ellos *cruzo* como ilegal por México, así que esa es solo una excusa para la construcción del muro, el gobierno quiere proteger a su país a sus fronteras, ese es su derecho y nadie se los niega, es su país. ¿Pero porque el gobierno quiere desquitarse con nosotros los ilegales? ¿Por qué quiere descargar sobre nosotros toda su impotencia?

-Segundo: otra semejanza de la Alemania NAZI, es que en el tiempo que sucedió lo del "Holocausto" en donde murieron millones de judíos, el ejército nazi, cuando salía a la calle y veía a una persona de apariencia Judía, lo arrestaba y después lo condenaban a la muerte. ¿Y ahora que hace la policía o el ICE, en ciertos estados del país y principalmente en este estado, si un policía o sheriff, te detiene y ve que tienes apariencia de hispano? ¿Qué hace si no eres legal? Te arresta llama a migración y te deportan así de fácil, te dan una patada y ya. La única diferencia es que en aquel tiempo mataban a los judíos y a nosotros nos deportan.

Cesar y Gaby miraban como Diana, en sus palabras reflejaban todos los sentimientos que en ella se encontraban.

Hasta ese momento ya las televisoras habían bombardeado con noticias a la comunidad hispana, no pasaba día en que no se diera la noticia de otra redada del servicio de inmigración, de miles de niños que llorando, suplicando, implorando de rodillas que no deportaran a sus padres para que no los separaran, pero parecía que para el ICE, esas suplicas y ruegos valían menos que *basura,* "pues según ellos cumplían con las leyes", leyes que desafortunadamente entraron mas en vigor desde que Nueva York, sufrió el ataque terrorista.

Entre miles de inmigrantes surgía una pregunta, la misma que se hacía Diana:

¿Diana, tendría razón en pensar que el gobierno del presidente Bush, esta descargando toda su impotencia sobre todos los inmigrantes? impotencia de no poder capturar a un terrorista. ¿O será que el gobierno quiere tapar con algo o con alguien sus errores, sus fallas, para no perder su popularidad? ¿Y quién podría pagar los platos rotos, sino aquellos quienes no se pueden defender? Y esos son los inmigrantes ¿quien mejor para cobrarles? Sino aquellos que se humillan, que se agachan y que no tienen ni voz ni voto, los ilegales, a ellos se les puede cobrar todo ¿O no?

¿Alguien tendría o tiene que pagar por ese ataque?

¿Serán los indocumentados? Todo parece indicar que -¡SI!- Pues a raíz del ataque del 11 de Septiembre, las leyes en contra de los inmigrantes cada vez se hicieron más fuertes y como Diana, ya lo había mencionado antes, esto de hacer cumplir la ley sirvió como excusa para que las personas que tienen ciertos sentimientos raciales, pudieran practicarlos sin verse en problemas ante una demanda judicial por racismo.

¿Qué le está pasando al presidente Bush, donde quedaron las promesas de hacer de los Estados Unidos, uno de los mejores países del mundo?

Pero por contrario a eso, este país se está convirtiendo en uno de los peores para vivir para los indocumentados. ¿Quizá peor que Cuba, o algunos países del medio Oriente?

Todo esto, las deportaciones, que la policía en ciertos estados se está convirtiendo en uno de los peores enemigos de los hispanos, gente que le pide al presidente Bush, suplicas que son ignoradas, que detenga las redadas de inmigración, los abusos de autoridad, con la frustración de no poder llamar a la policía cuando se es víctima de un robo, ya estaban haciendo mella, causando una gran depresión, no solo en Diana, y su familia, sino en las miles de familias que viven en la Unión América. Diana en un acto de desesperación le hizo una propuesta a Cesar, propuesta que él jamás pensó escuchar de su esposa.

-¿Por qué no nos regresamos para México?

-¿Que dices? –Exclamo Cesar ¿De dónde sacase esa idea?

-¿Qué hacemos aquí, dime que hacemos aquí?- En las palabras de Diana, se notaba la irritación que había en su corazón, cada vez que salgo a la calle me siento acosada, perseguida, cada vez que veo a un sheriff, le pido a Dios, que él no me mire no sea que por ser hispana me detenga y llame al ICE, ya me canse de que tu, cada vez que te vas a trabajar, yo este con los nervios de punta de solo pensar que en el lugar de tu trabajo haya redada y te deporten…yo ya no quiero vivir así, ya no.

Diana, dejo de hablar pues las lágrimas la comenzaron a traicionar.

Cesar, la abrazo tratando de reconfortarla.

- Pero si nos regresáramos para México ¿De qué vamos a vivir? Allá no tenemos nada, la mayor parte de nuestra vida la hemos pasado aquí, además de eso, si nos vamos estaríamos ayudándole al gobierno en su propósito de que sintamos miedo, eso es lo que quiere el gobierno de este estado, meterte miedo, para que tu solo te salgas.

-Pero ¿Qué más podemos esperar de este país o estado? Si nos tratan peor que a criminales, yo me figuro a esta gran ciudad (Phoenix) como una gran selva, y que tanto la policía como el ICE, andan de cacería, ellos quieren cazar a los animales más salvajes, ¿Y sabes quiénes son esos animales salvajes o peligrosos? Tú, yo y los miles de inmigrantes que vivimos aquí, somos esos animales salvajes, así me siento yo, y estoy cansada de sentir así.

-Pero madre-, la interrumpió Gaby- mi papa tiene razón, ¿De qué vamos a vivir en México? Además de eso ya no tenemos dinero ahorrado, lo gastamos todo en el auto que compramos, y no por un puñado de tipos racistas vamos a dejar lo poco que hemos logrado en este país, y lo principal madre, no nos podemos ir porque aquí están las tumbas de mis hermanos.

Diana, al escuchar que las tumbas de sus hijos quedarían al abandono si ellos se marchaban para México, cambio de parecer y dijo:- Tienes razón hija por las tumbas y el recuerdo de mis hijos yo voy a aguantar lo que sea, y ya no voy a sentir miedo de salir a la calle, no les voy a dar ese gusto a los políticos que no saben cómo manejar un país.

-¡Esa es mi vieja! –Dijo Cesar- vamos a echarle ganas y aguantar hasta lo último.

En los siguientes días, la situación siguió empeorando, no había día sin que el ICE, no hiciera redadas, solamente había dos opciones, que el presidente George W. Bush. Sintiera compasión por tantas familias separadas y que el *detuviera las redadas* del servicio de inmigración, o que en las próximas elecciones para la presidencia de los Estados Unidos, quedara electo un presidente que el si tuviera un sentimiento diferente hacia los inmigrantes y que detuviera las redadas y por qué no… LEGALIZAR a los más de doce millones de hispanos o ilegales de cualquier otro país, para que no sufran más la persecución de la cual están siendo víctimas en la actualidad. Esto de un presidente que ayudara a los inmigrantes era o es un sueño muy remoto pero no imposible. Diana, no se quería ni imaginar qué pasaría si quedara como presidente un hombre que estuviera en contra de los inmigrantes, sería una verdadera desgracia para muchos países, que el gobierno deportara a sus ciudadanos.

Ahhh, suspiraba Diana, recostada sobre Cesar, ¿Dónde quedaron aquellos años en los que había tranquilidad entre los inmigrantes? ¿Dónde quedaron aquellos días en los que cualquier persona, no importando su situación legal, no lo pensaría dos veces en reportar cualquier crimen?

¿Dónde quedaron aquellos tiempos en que una esposa, hija, hijo o nieto, tenía la seguridad de que un padre de familia llegaría a la casa para la cena? Años atrás se podían hacer planes hasta para el año siguiente, pero ahora la gente dice: -nos vemos en la noche si bien nos va.

Los años o días que recordarán Cesar y su familia, fueron en los últimos dos años que estuvo como presidente el padre del actual presidente de los Estados Unidos, George W. Bush y durante los ocho años que estuvo como presidente Bill Clinton.

En ese entonces si hubo algunas redadas del servicio de inmigración pero no era nada en comparación con los que está sucediendo actualmente. El sueño de Diana y de millones de personas en los Estados Unidos, de que se detuviera las redadas y de una posible legalización, volvió a florecer un poco al escuchar las propuestas de los precandidatos a la presidencia de la Unión Americana. La cadena –Univisión-, les hizo una invitación a los precandidatos a la presidencia del "Partido Demócrata", invitación que estos aceptaron gustosos. Fueron varios los temas que se tocaron en ese debate, pero dos sobresalieron más y fueron los temas de la guerra en Irak, y por supuesto el delicado tema de los inmigrantes.

Las respuestas a la pregunta de que si alguno de ellos llegara a la presidencia retiraría a los soldados de Irak, casi todos respondieron que: ¡Sí!

La otra pregunta fue: ¿Por qué construir el muro en la frontera con México y no con la frontera de Canadá? La respuesta de algunos fue evasiva, pues ya se había comprobado, que es un 100% es más fácil entrar de ilegal por Canadá, que por México. "Y lástima que no se puede, si no que le preguntaran a las más de diecinueve personas que murieron asfixiadas, en la caja de un tráiler en el año 2003, en Victoria, Texas. Que les preguntaran: ¿Qué si es fácil llegar a los Estados Unidos? Estas personas tuvieron el privilegio de arriesgar su vida por venir al Norte, en busca de un sueño, de un mejor futuro, por una vida mejor, lo dejaron todo, solo… ¡Por un puñado de dólares! Y lo que encontraron fue muerte terrible en la caja del >>*tráiler de la muerte*<<.

La prueba de que no es fácil llegar a los Estados Unidos, es la gran cifra de muertes que hay en la Frontera y más aun después de que los EE. UU. *"Tratara de proteger sus fronteras de posible cruce de terroristas"*

Y por fin los periodistas encargados de hacerle las preguntas a los precandidatos del "partido Demócrata" –hicieron la gran pregunta: -¿Si alguno de ustedes quedara como presidente electo de este país detendrían las redadas del Servicio de Inmigración (ICE)? – ¡SI!- respondieron todos los precandidatos, cada quien en su turno expresaban su opinión en cuanto a las redadas de ICE. Algunos llamaban ¡inhumanas! todas separaciones de familias, que ya había en ese momento, otros candidatos las llamaron: crueles, descorazonadas, injustas. La mayoría de los candidatos del partido Demócrata aceptaron la gran *importancia* de la comunidad hispana en la economía del país.

Entonces surgió una pregunta entre Diana y Cesar: ¿Si la mayoría de los políticos acepta que la comunidad inmigrante es necesaria para el funcionamiento de este país porque el secretario de seguridad nacional, le han declarado la *guerra,* a los inmigrantes? ¿A caso los indocumentados, somos como lo insinúa ICE, *un correo indeseado*, que quieren mandar de regreso a su país? ¿O simplemente el gobierno quiere quedar bien con sus seguidores?

El debate de los candidatos termino con la promesa tirada al aire, de que si alguno de estos candidatos quedara de presidente, detendría las redadas del ICE, y que de inmediato trataría de proponer una reforma migratoria para los más de doce millones de indocumentados que hay en este país.

-Ya vez te lo dije- señaló Cesar, lleno de alegría y esperanza- te dije que por ahí iba a surgir un candidato para presidente que si va a querer ayudarnos.

-Pues yo no creo -dijo Diana, llena de incredulidad-. Todos los políticos hacen lo mismo, *prometen* miles de cosas durante su campaña, y una vez que llegan al puesto se les olvida de donde vienen y no cumplen sus promesas, ya ves a la gobernadora de Arizona, ella dijo que *"Era amiga de los inmigrantes"* y sin embargo ahora firma cualquier ley que sea en contra de los indocumentados.

-Pues si mi amor -dijo Cesar, como tratando de convencer a su esposa de que esta vez sería diferente, que ya era o es tiempo de que los políticos cumplan sus promesas. Solo hay que esperar un poco más de un año, para ver quién es el presidente de los Estados Unidos, cualquiera de estos hombres que quede como presidente, o si es la señora Clinton, la primer mujer que gobierne este país, si nos va ayudar, lo sé, lo sé, lo siento aquí, en el corazón.

-Pues no se -volvió a decir Diana, con la misma incredulidad-, a las palabras se las lleva el viento, prometer es lo fácil, cumplir es lo difícil, son muy *pocos* los políticos que cumplen lo que prometen.

Después de platicar por el espacio de dos horas, por fin, Cesar, convenció a su esposa, de que tal vez en esta ocasión los políticos si cumplirían sus promesas. De ahí en adelante surgiría una *lucha de supervivencia,* una lucha por permanecer en los Estados Unidos, en espera de ver quién será el próximo presidente de la Unión Americana. Las promesas hechas por los candidatos de partido demócrata encendieron la mecha una vez más de la luz de la esperanza para millones de indocumentados.

********Nota especial************

(Los periodistas de la cadena Univisión, dieron por terminado el debate de los candidatos del partido demócrata, reiterando su invitación hecha a los candidatos del partido republicano. El partido Republicano aun no había aceptado tal invitación. ¿Por qué? No lo sabemos, lo que si es bien sabido es que la mayoría de las leyes que hay en contra de los indocumentados, han sido propuestas por republicanos, ahora bien, eso no quiere decir que todos los republicanos son anti-inmigrantes, pues ellos son más apegados a la ley, y o a la Constitución del país y la prueba la tenemos con el presidente George W. Bush, "pues él tuvo en su corazón el querer legalizar o dar permisos de trabajos, a los indocumentados que hay en esta país". ¿Pero por qué fallo? ¿Por qué el senado no acepto su reforma migratoria? No se sabe, tal vez sus "amigos" ya no lo quisieron apoyar)

En los siguientes días el gobierno del estado de Arizona, le dio otro hachazo al maltratado árbol de la esperanza de los indocumentados de ese estado. La Gobernadora Janet Napolitano, anuncio que en el mes de Enero del 2008, entraría en vigor “La ley HB2779” dicha ley sancionaría a todo aquel empleador que contrate a *criminales,* perdón a indocumentados,- *perdón* por el error de confundir a un indocumentado con un criminal, pero así como están las cosas en Arizona, de que ahora ya juzgan por igual a un coyote como a un inmigrante uno por pasar a la gente y a otro por pagarle, no dudaría que tanto el departamento del Sheriff, como la legislatura quieran aprobar una ley que criminalice a cualquier indocumentado aunque este tenga 15 o 20 años viviendo en Arizona. (Ley que desafortunadamente si fue aprobada por la legislatura de Arizona)

-¡Otra ley! –Se quejo Cesar.

-Así es - dijo Diana-, una piedrita más al morral qué más da.

-Ahora si se nos va a poner más dura la situación, con esta ley ya no me va a querer dar trabajo mi patrón.

-Si te despiden cuando entre en vigor esta ley ¿De qué vamos a vivir? Cualquier patrón va a tener miedo de contratarte.

-No lo sé- Respondió Cesar- vamos a dejar que el tiempo pase, y ya veremos más adelante.

En contraste con el estado de Arizona, la comunidad hispana de Nueva York, recibió una muy “buena” noticia la cual fue como un bálsamo ante tantas heridas que habían provocado las redadas de ICE. El gobernador de Nueva York – Eliot Spitzer- anuncio que a partir de diciembre del 2007 y en abril del 2008, cualquier persona podría obtener una licencia de conducir del estado de Nueva York, no importando su estatus migratorio, esa fue una gran victoria para los inmigrantes, todo lo contrario con la ciudad de Chicago, (Illinois) que por ser una de las ciudades con más latinos en esa parte del país, está tomando el mismo rumbo que Arizona y buena parte de Texas, de convertirse en otro estado anti-inmigrantes… ¡pero! Como todo *buen* político, y como se dice vulgarmente… ¡SE RAJO! Y semanas después de que el gobernador de Nueva york diera el ¡SI! A las licencias. Anuncio de qué se retractaría de su promesa de darle una licencia de conducir a los inmigrantes de su estado.

Jugando así con la ilusión y esperanza de miles de hispanos. Parecía que por fin alguien había tenido el valor de revocar una de las tantas leyes que hay en contra de la comunidad inmigrante. Pero el valor le duro muy poco, y no dudo en nada al preferir jugar con los sentimientos de las personas, con tal de recuperar su popularidad, y buscar su reelección como gobernador de Nueva York. ¡NO SE VALE JUGAR DE ESA FORMA CON LA GENTE!...de verdad que no se vale. La actitud de ese político solo le dio la razón a Diana cuando dijo: *"Que son pocos, pero muy pocos lo políticos que cumplen lo que prometen"* y no solo en este país, sino en todos los países del mundo.

El servicio de inmigración volvió a ejecutar un trabajo más, ahora los criminales, -*perdón otra vez por lo de criminales*-, los arrestados fueron en la ciudad de las Vegas, Nevada. Los arrestos sucedieron en una de las cadenas de restaurantes de hamburguesas más famosas del país, aparentemente el servicio de ICE, buscaba a *criminales* pero no los hallaron, lo único que encontraron fue a indocumentados trabajando por **el salario mínimo,** y no habiendo mas, pues se los llevaron a ellos.

A pocos días de esa redada, la familia Rodríguez, volvió a sentir la frustración de no poder llamar a la policía ante un delito, pero en esta ocasión la principal afectada fue Gabriela.

El encargado de la administración del restaurante en donde ella trabajara, llevaba varias semanas acosándola sexualmente, se manoseaba, le hacía señas obscenas y propuestas con malas palabras. El hecho de que ella aun seguía trabajando en aquel lugar, era porque estaba consciente de la situación de su familia, su padre y ella eran los únicos que aportaban algo económicamente a su casa y a sabiendas de que muy pronto su padre se quedaría sin trabajo, gracias a la nueva ley en Arizona>>*en tono sarcástico*<< . Pero los acosos de aquel tipo no habían pasado solo de señas y palabras, no hasta esa tarde. Gabriela, sintió la mano del hombre en la parte baja de su espalda, por lo cual reacciono enfurecida y le dio una bofetada.

-¿Qué le pasa viejo imbécil?- ladro la jovencita- ¿Que se cree?

El hombre llamado Douglas Red, se limpio la sangre que broto de su boca. Debido al golpe que le propino Gabriela, reacciono molesto:

-Esto lo vas a pagar caro chamaca, te va a costar el trabajo.

-¡A caso cree que este cochino restaurante es el único que me puede contratar! –Dijo Gabriela, aun con la misma rabia de haber sido tocada por aquel tipo-. Ahorita mismo lo voy a reportar con la policía, lo voy a demandar por acoso sexual.

El tipo aquel soltó una carcajada y burlonamente le dijo:- ¿Con quién? Con el sheriff, anda llámalo y de paso llamas a tu papa, para que se los lleve la migra a todos. Bola de mojados.

Gaby, se quito el delantal, se lo a sorrajó en el rostro y aun mas enfurecida por lo que escucho de sus padres le grito:- ¡Esto no se va aquedar así!... viejo cochino, en dos meses voy a cumplir la mayoría de edad y yo si lo voy a poder demandar, yo soy ciudadana americana, no le tengo miedo y lo voy a refundir en la cárcel.

El hombre titubeo un poco antes de decir algo, pues el sabia que ella tenía la razón. Conforme a la ley, Gaby o cualquier persona que se sienta acosada sexualmente está protegida ante las autoridades, Arizona, está entre los estados que castigan duramente el acoso sexual, y lo que más le turbo a aquel tipo fue escuchar que en pocos días Gaby, sería mayor de edad y sabia que si ella se lo proponía podía acabar con él.

–Estas despedida - dijo al fin, el tipejo.

-¡Quédese con su cochino trabajo!

-¡Lárgate!

Gaby, antes de salir del restaurante, tomo unos platos de la mesa y se los tiro por los pies y aun muy irritada le grito:- ¡Se va a arrepentir viejo cochino, lo voy a meter a la cárcel!

Gaby cerró violentamente la puerta y se marcho. Dentro del restaurante los clientes unos a otros se miraron atónitos por lo acontecido. Los demás trabajadores no se atrevían a decir nada, pues conocían de ante mano la prepotencia del administrador y no solo acosaba sexualmente a sus trabajadoras, si no que los amenazaba con llamar a inmigración, pues él conocía el estatus migratorio de algunos de sus trabajadores. Mientras tanto aun molesta, Gaby, caminaba apresuradamente hacia su casa que se ubicaba a unas cuadras del restaurante. Ella había heredado el carácter de su madre y como tal no estaba dispuesta a soportar que alguien se quisiera propasar con ella, y mucho menos iba a soportar que alguien dijera que sus padres eran unos >>mojados<<.

Los dos siguientes días eran sus días de descanso, así que no hubo problema; teniendo suficiente confianza con su madre le conto lo sucedido, el problema iba a ser la reacción de su padre. Aunque él era de carácter apacible, temía de una reacción violenta de parte de él. Gaby, sabía que su padre de ser posible daría la vida por ellas, y no se equivoco pues el al enterarse reacciono de la forma que ella temía.

-¿Qué paso mija, no vas a ir a trabajar? –Pregunto Cesar, mientras preparaban la cena- con este ya van varios días que no vas. ¿Qué paso?

Si había algo muy importante entre la familia era la honestidad y una de las partes principales en la educación de Gaby, fue que no dijera mentiras, pero en esa ocasión Gaby, intento recurrir a una mentira, con tal de no involucrar a sus padres con la policía.

-Lo que pasa -dijo Gaby-, es que las ventas han estado muy bajas, y pues hicieron recorte de personal, así que me descansaron- finalizo Gaby, esquivando la mirada de su padre.

Su padre la conocía muy bien y no le funciono la mentira.

-No te creo -inquirió Cesar-, te conozco bien y sé que me estas mintiendo. Se dirigió a Diana y le pregunto lo mismo-. Las conozco muy bien y sé que me están ocultando algo.

Diana, evitando la mirada de su marido dijo:- No vale la pena, hablar de eso, Gaby ya es buscando otro trabajo.

-¿Qué pasa, acaso se está perdiendo la confianza que había entre los tres?

-¡No! -Lo interrumpió Gaby-, no es eso, como dice mi madre, no vale la pena hablar de eso.

No soportando mas la mirada cuestionadora, de su padre, Gaby, le conto lo sucedido.

-¿Qué dices? –Dijo Cesar, al mismo tiempo que la furia iba invadiendo su rostro, ese miserable no sabe con quién se metió.

Cesar, se levanto, de la silla y furioso se dirigió hacia la puerta.

-¿A dónde vas? – Dijo Diana, muy angustiada.-

-¡A poner en su lugar a ese infeliz!

-¡No! –Dijo Diana, sujetándolo por el brazo.

-¡Suéltame! Puedo soportar cualquier cosa, pero que acosen a mi hija de esa manera, no se lo pasó a nadie.

-Por favor papa, no hagas nada -dijo Gaby, al mismo tiempo que le ayudaba a su madre a sujetarlo.

-No, mi princesa, ya es tiempo de que alguien le ponga un alto a ese tipejo.

-Por favor Cesar, no hagas ninguna tontería -dijo Diana, entre lagrimas, ella sabía que en ese momento Cesar, era capaz de provocar una desgracia, pues la rabia y la furia habían cegado su entendimiento-. Por favor mi amor, te lo ruego, no vale la pena que te metas en problemas por ese tipo.

-Sí, padre, no vale la pena, ese tipo de personas tarde o temprano, reciben su merecido

-Pero mija, eso no se puede quedar así.

-Mi amor, no podemos tomar la justicia en nuestras propias manos -dijo Diana, intentando calmar a su esposo.

Cesar, le dio un puntapié a la silla que estaba a su lado, como queriendo desquitar con ella todo el coraje que sentía. Después de varios minutos entre suplicas, ruegos y lagrimas por fin pudieron calmarlo un poco.

-Está bien- dijo Cesar, ya un poco más tranquilo- vamos a llamar a la policía y levantamos una demanda.

-¡No podemos! -Dijo Gaby.

-¿Y porque no?

-Ese tipo me amenazo con llamar al ICE, o al sheriff, el sabe de su situación, migratoria, y me dijo que si yo levantaba una demanda... el inventaría cualquier cosa para meternos en problemas con la policía, y así como están las cosas. ¿Tú crees que el sheriff, perdería tiempo en investigar lo del acoso, o preferiría mandarlos a ustedes a México?

Diana y Cesar, guardaron silencio cuando escucharon lo que Gaby había dicho y ella tenía razón, desafortunadamente por las leyes que hay en Arizona, algunos patrones se comenzaron a aprovechar de la situación, amedrentando y atemorizando a sus trabajadores amenazándolos con llamar al ICE, denunciándolos inventando cualquier mentira para que el sheriff, se los llevara presos, y después terminar siendo deportados a México, o de cualquier país que provengan.

-Padre, en unos días o semanas, voy a cumplir la mayoría de edad, y yo lo voy a demandar, ya siendo mayor de edad, ustedes ya no tendrían que acompañarme a la corte.

-Pero mija ¿Por qué tendrías que pasar tu sola en esto?

-Yo no quiero que ustedes se metan en problemas.

La familia Rodríguez, se unió a las miles de familias que se tenían que tragar su coraje, su impotencia, su frustración de no poder denunciar un delito como ese o delitos de otra índole, la ocasión anterior en que la familia por temor no denuncio el robo de su camioneta, no fue nada a comparación de lo que sentían en ese momento. Es insólito hasta donde tiene que llegar la gente por temor a la policía,- pues ya tiene poderes de inmigración-, a no denunciar los delitos o crímenes. ¿Por qué será que el sheriff, Joe Arpaio, dice que no ha subido significativamente el crimen en Arizona, después de que a su departamento, le dieron el derecho de pedirle a una persona de apariencia hispana pruebas de su estatus legal? ¿Sera porque realmente el crimen, no ha subido o porque la gente no lo reporta? Hasta ese momento la familia Rodríguez, ya eran dos los delitos que no reportaba y eso solo pasaba en esa familia, ahora hay que pensar en las miles de familias que viven en ese estado y en otros en donde tienen el mismo problema; aunque la gente no debería de tener el temor de denunciar algún delito, pero prefieren *aguantar* que arriesgar.

Días después mientras la familia miraba en el noticiero que una vez más, el ICE había realizado otra redada, en los Ángeles, California. Arrestando a más de 1300 personas. Gaby, les propuso algo a sus padres.

-¿Oigan y porque no nos mudamos de estado?

Cesar, la miro de reojo y después de sonreír con ironía dijo:- ¿A dónde mija? ¿A dónde? Si en todos lados esta igual que aquí

-No en todos lados -señaló Gaby-, hay algunos estados en los que *aun* no hay tantas leyes en contra de los inmigrantes, todavía hay algunos estados en donde la gente *confía* en la policía local o el sheriff, allá no tienen el temor de denunciar algún delito o crimen. Hay ciudades en donde la policía se dedica a hacer su trabajo, que es cuidar de la ciudadanía, de mantener el crimen alejado de la ciudad, de ganarse la confianza y el respeto de la gente y no andarse envolviendo en asuntos de inmigración, eso le corresponde al gobierno federal y no a la policía local.

Para esos días la gente anglosajona (americana), ya comenzaba a quejarse de que había cada vez mas robos, mas delincuentes, mas pandillas, de que sus vecindarios ya no eran seguros como antes, y siempre *señalando* a la comunidad hispana. Pero ¿de quién es la culpa? ¿De la gente que ya no podía confiar en la policía? ¿O, será que esta misma (la policía) que se encargo de perder la confianza de la comunidad?

Y el hecho de que en algunos estados la gente a un puede llamar a la policía sin el temor que a una cuadra de su casa este el ICE, les pareció no tan *mala* la idea de mudarse de estado.

-Pero no conocemos a nadie mija.

-¿Te acuerdas de mi amiga Roxy?

-¿Tu amiga de la escuela?

- Si, la misma, sus papas se mudaron para la ciudad de Bend, en el centro del estado de Oregón, sus papas son buenas gentes, yo creo que si les hablamos tal vez nos puedan echar una mano para irnos con ellos.

-Dices que en aquel estado la policía o el sheriff, no llama a inmigración.

-Pues de lo que yo me entere -dijo Gaby, mientras se servía un vaso de agua-. Es que hay una ley, que si la policía te arresta por cualquier delito y principalmente por conducir en estado de ebriedad, entonces sí, ya la policía puede llamar a inmigración para que te investigue, tal vez me voy a escuchar un poco mal, pero en ese caso yo también estoy de acuerdo que castiguen a las personas que manejan en estado de embriaguez, pues ya es hora de que las personas entiendan que por su debilidad por el alcohol no pueden poner en riesgo la vida de gente inocente.

Cesar, se cruzo el brazo en el pecho y se rascaba la barbilla mientras pensaba en lo que decía Gaby.

-No se -dijo al fin-, no creo que sea tan fácil, además no sabemos si estos señores nos quieran echar la mano.

-Seria cuestión de preguntarles.

-¿Qué dices mi amor? –Le pregunto Cesar, a Diana, que hasta ese momento solo los escuchaba, y cavilaba en todo lo que estaba sucediendo.

-A mi no me parece mala idea eso de irnos de este estado. ¿Pero qué hay de mis hijos? ¿Qué va a pasar con sus tumbas? –Dijo Diana, al mismo tiempo que una sombra de tristeza cubría su rostro- Yo no quiero dejar solas y abandonadas las tumbas de mis hijos. ¿Quién las va a cuidar? ¿Quién les va a poner sus flores?

-Mi amor a mí también me pesa eso de dejar abandonadas las tumbas de mis hijos, pero lo más importante es que los llevamos en el corazón, en el pensamiento, todos los bellos recuerdos que tenemos de ellos los llevamos aquí, en el corazón.

-Pues no se…-dijo diana, al mismo tiempo porque se vio interrumpida, por el estripitante sonido de la sirena de una ambulancia.

-Voy a ver qué pasa - dijo Gaby.

Los tres se asomaron por la ventana y vieron como minutos después los paramédicos del departamento de bomberos sacaban en una camilla a una anciana que había sufrido un paro respiratorio.

-Mami ¿Qué esperamos aquí? A que el año que entra que tanto el sheriff y los legisladores propongan una ley en que de ahora en adelante, los paramédicos de cualquier institución antes de brindarte su ayuda también te pidan un *"número de seguro social valido"* o *"una Green card"*.

-No mija -respondió Diana-, no creo que eso suceda, si pasara eso, sería una de las leyes más inhumanas que pudiera existir en este país y además de eso gracias a Dios, que el departamento de bomberos no pertenece a la policía.

-Hay madre, ya no sé ni que pensar, pues cada vez pasan más leyes en este estado.

¿A qué te quieres esperar mi amor? –Cuestiono Cesar,- a que el servicio de ICE, haga una redada en estos apartamentos como lo hicieron en los Ángeles, hace algunos días.

-Vámonos a otro estado -insistía Gaby. Si la insistencia de ella en que se movieran de estado, era porque ahora ella había sufrido directamente la frustración de no poder denunciar un delito, si ella no lo hizo fue por temor a que sus padres, no terminaran siendo deportados. En ocasiones anteriores Gabriela, había pensado que su madre era una exagerada, de la forma en que pensaba o se sentía en cuanto a las nuevas leyes en el país, pero ahora la entendía más que nunca.

-Mi amor -inquirió Cesar, al mismo tiempo que se arrodillaba frente a ella. Si el papá de la amiga de Gaby, acepta ayudarnos, te prometo, que si el próximo presidente de los Estados Unidos, nos da la bendición de una reforma migratoria y arreglamos nuestra situación, te prometo que de donde estemos, nos regresamos a Phoenix, para estar cerca de la tumba de nuestros hijos.

-¿Me lo prometes? –Dijo Diana, al mismo tiempo que soltaba un resoplido llena de resignación.

- Si, mi amor, te lo prometo solo hay que esperar por allá, un poco más de un año, tenemos una gran ventaja si cualquiera de los candidatos del partido "Demócrata" queda de presidente y cumple su promesa de detener las redadas y lo de una reforma migratoria, no necesitaremos estar fuera mucho tiempo, un año se pasa de volada.

-Eso si *cumplen* sus promesas -expreso Diana, ya ves que muchos políticos prometen y no cumplen, como el gobernador de nueva York ¡Que se rajo y no cumplió sus promesas! De dar licencias a inmigrantes

-También hay un candidato del partido "Republicano" que tal vez si nos ayudaría en caso de que quedara de presidente - dijo Gaby, interrumpiéndolos-solo hay que tener fe en Dios, y todo va a salir bien.

Ese día por la noche, Gaby se comunico con su amiga Roxy y con el papa de ella, y después de explicarles la situación y de expresarles el acoso que sentían de parte de las autoridades en Arizona. Mario el papa de Roxy, acepto ayudarlos, solo que ellos ya no vivían en Bend, (Oregón) sino que dos meses atrás se habían mudado a la ciudad de Vancouver, Washington, en donde gracias a Dios, aun no había leyes en contra de los inmigrantes como en algunos otros estados. La familia de Roxy, se había movido para Oregón, presagiando que Arizona, se convertiría en el estado más anti-inmigrante de la Unión Americana, y no se equivocaron pues para los meses de Octubre y Noviembre, del año 2007, Arizona portaba ese singular título:

EL ESTADO MAS ANTI-INMIGRANTE DE LA UNION AMERICANA.

El único problema es que de momento no era posible, pues el papa de Roxy, vivía con su hermano y su familia, pero para los primeros días de Diciembre, les entregarían una casa que ya habían comprado y solo le estaban realizando unos arreglos. Y para entonces los recibirían con gusto.

La familia Rodríguez, comenzó a hacer planes para mudarse a Washington. Vendieron su automóvil tipo sedan y compraron una camioneta tipo pick up, para poderse llevar unas cuantas pertenencias, solo había que *sobrevivir* unas cuantas semanas más en Phoenix.

Las redadas de ICE, continuaban en Arizona, al mismo tiempo que la gente comenzaba a abandonar ese estado. Ya era muy visible el éxodo de la gente, pues en meses anteriores en los conjuntos de apartamentos principalmente en donde la mayoría de los ocupantes son hispanos, era muy difícil encontrar un apartamento en renta, pero después de que algunas leyes entraron en vigor, y que el departamento del sheriff exhibiera unos cartelones en las cajas de los trailes los rótulos y números telefónicos en donde la gente podía denunciar a algún >>ilegal<<... Ya era fácil encontrar un apartamento en renta, e incluso con el contrato de un año, se podía agarrar uno o dos meses gratis, que en comparación con el año 2006, ni una oficina le daba la llave a algún inquilino nuevo, si este no pagaba cuando menos el primer y último mes del contrato… <<*Que ironías de la vida*>> pensaba Diana <<*Algunos tienen que sufrir par que otros gocen*>>

Y así es en la vida, mientras unos lloran, otros ríen, unos brincan de alegría otros se sienten tristes, unos van otros vienen, unos entran otros salen. Diana y su familia, ya habían sido testigos y sentido en carne propia los va y benes de la vida. Ellos tenían la intención de abandonar el estado de Arizona, y en efecto lo harían pero no para el lugar que ellos querían sino para otro muy pero muy diferente.

8

Diana observaba por el televisor la noticia de que el ICE, una vez mas había efectuado varias redadas por diferentes puntos del país, y parecía que en esta ocasión el ICE, si había dado con los criminales que buscaban, fueron más de 1300 los detenidos por el servicio de inmigración, entre los cuales la mayoría erran pandilleros y criminales que provienen en su mayoría de Centro América, el programa en esta ocasión se llamo "Escudo Comunitario". Diana, observaba a través del televisor como los pandilleros eran subidos a las camionetas de inmigración, todos llenos de tatuajes y números. A la mente de ella llego el recuerdo de sus hijos, pues desafortunadamente ellos pertenecieron a una de esas pandillas. Los tipos que supuestamente eran sus amigos, solo los mal influenciaron y los llevaron por caminos muy equivocados, por caminos de las drogas, del robo, de la rebeldía, del odio interracial, caminos que los llevaron… hasta la muerte.

Diana, suspiro al recuerdo de sus hijos, ella no tenía nada en contra de los pandilleros, pero si en contra del resultado de sus fechorías y en parte era bueno que esas personas estuvieran tras las rejas.

-¿En qué piensas? –Le pregunto Gaby, interrumpiéndole sus recuerdos.

-En tus hermanos, los extraño mucho -respondió Diana, al mismo tiempo que se limpiaba una lagrima que rodaba por su mejilla.

-Si -dijo Gaby, con un dejo de tristeza en su mirada-. Yo también los extraño.

-Ni modo mija que le vamos hacer, se nos adelantaron a entregarle cuentas a Dios.

-Oye madre ¿Y a donde van a ir tu y mi papa? –Pregunto Gaby al darse cuenta que su papa estaba revisando la camioneta.

-A comprar unas cosas mija, para preparar todo para irnos la próxima semana para Washington.

-¿Y por qué no me quieren llevar con ustedes?

-No hagas preguntas mija, mejor empaca las pocas cosas que te puedas llevar.

Gaby, sin decir nada más se dirigió a su recamara para empacar sus cosas.

Si Diana, no quería que Gaby, los acompañara era, porque el próximo martes ella cumplirá dieciocho años, entraría a la mayoría de edad, edad en la que el gobierno les da supuestas "libertades". Cesar y Diana, querían comprarle un gran regalo para ese día. Se lo iban a dar en sorpresa, pues ella ya les había dicho con anterioridad que no quería ninguna fiesta o celebración, para ella el mejor festejo era que salieron del estado y mantenerse juntos, pero lo que nadie en la familia sabia, era que el futuro les tenía preparada una terrible sorpresa.

El 30 de Noviembre del 2007, a las 5:30 P.M. Cesar y Diana, abordaron su camioneta e hicieron una oración, en la que le pedían a Dios, que nos los fueran a detener un oficial del sheriff, oración que si fue escuchada por Dios, pero tanto Cesar, como Diana, sabían que Dios, había dejado escrita su palabra (Santa Biblia) y en esta el Señor dice: <<*Que nos sujetemos al gobierno y sus leyes por eso EL los puso, para castigar a los malos y proteger a los buenos*>>. Ellos conscientes de su situación legal sabían, que estaban violando las leyes de este país, así que no les exigieron mucho a Dios, solo que les permitiera regresar con bien.

El auto se puso en marcha.

Tomaron la autopista interestatal 17 rumbo al Sur, se dirigían a un gran centro comercial que está ubicado en Tempe, al pie de la interestatal 10.

No habían avanzado más de 5 millas cuando un auto patrulla sin torreta, les pidió que se detuvieran a un costado de la carretera, en el acotamiento. Diana, y Cesar, se miraron atónitos.

- ¿Qué paso? –Pregunto Diana- ¿Pasaste el límite de velocidad?

-No -contesto Cesar, desconcertado sin saber el por qué el oficial los había detenido-, venia cinco millas abajo del límite -dijo Cesar, con un gesto de preocupación en su rostro.

El oficial, se bajo de la patrulla sin torreta, las luces multicolores los tenía en sus faros delanteros y en la parte trasera de la patrulla.

Cesar, sintió que se lo tragaba el asiento de la camioneta al darse cuenta que el oficial partencia al departamento del sheriff. Como un flechazo paso por la mente de Cesar, el intentar huir, pero no, no podía hacer nada locamente. Espero hasta que el oficial llegara hasta su auto y bajo la ventanilla.

-Buenas tardes -saludo el oficial.

Le respondieron el saludo.

–Me permite su licencia de conducir, su registro y aseguranza por favor -dijo el oficial mientras acomodaba sus lentes de sol, en la bolsita de su camisola.

-¡Claro! –Dijo Cesar tratando de controlar su nerviosismo-. Si me dice usted, el por qué me detuvo.

-No prendió su señalero, cuando se cambio de carril -respondió el oficial amablemente.

Cesar, volteo a ver a Diana, aun mas desconcertado, pues el no recordaba que se hubiese cambiado de carril, pero en ese momento no había lugar para alegatos, y entre más pronto se deshicieron del oficial era mucho mejor.

-Aquí tiene -dijo Cesar, con la mano un poco temblorosa.

Mientras que el oficial estaba en su patrulla comunicándose con la base, preguntando si ninguno de los dos tenía un record criminal. Diana, puso su mano sobre las de su esposo, sus miradas se cruzaron y una profunda tristeza los embargo pues sabían que para ellos, *ya había acabado todo* aquí en los Estados Unidos o que al menos el oficial tuviera un poco de amor al prójimo y no les exigiera alguna documentación de sus estatus migratorio.

La suerte ya estaba echada.

-Disculpe -dijo el oficial interrumpiéndolos-. Me podrían mostrar algún papel o documento que demuestre su estadía legal en este país.

Cuando Diana, escucho las palabras del oficial, cerró los ojos y apretó los dientes, al mismo tiempo que sentía por su espalda unas gotas de sudor frio y a lo lejos escucho las palabras de Cesar, tratando de defenderse.

-Pero usted, no es de inmigración -sonó Cesar tristemente.

-¡Claro que no! –Dijo el oficial, pero hace algunos meses el sheriff, Joe Arpaio, firmo un acuerdo con ICE, y ahora nosotros tenemos cierto poder de exigirles a las personas que nos parezca que estén como indocumentados en el país, que nos muestren algún papel que demuestre su estadía legal.

-¿Y nosotros le parecemos indocumentados?- Inquirió Diana, interrumpiendo al oficial.

-Pues tienen apariencia de ser hispanos -dijo el sheriff, mientras se ajustaba la radio en la cintura.

-Pero usted no puede pedirnos alguna documentación solo por ser hispanos -dijo Cesar, con firmeza.

Después de algunos alegatos de Cesar y Diana, dijo el oficial con seriedad:- Por favor señores no hagan esto mas difícil muéstrenme sus documentos y ya.

Cesar, bajo los hombros en señal de derrota, y Diana, se limpio una lagrima que rodaba por su mejilla, pues se dieron cuenta de que aquel presentimiento o presagio que tenían en su corazón se volvía realidad, de que un sheriff, los detendría, les pediría su documentación legal, y pum todo terminaría.

El oficial, suspiro profundo al darse cuenta que ellos al no mostrarle documentación alguna, era porque ellos estaban como indocumentados en Estados Unidos.

-Puede usted bajar de su auto por favor- le dijo el oficial a Cesar.

Cesar, se llevo una mano al rostro y se tallo con fuerza, y le lanzo una mirada a su esposa, esta le correspondió la mirada, le tomo la mano y le dijo:

- Todo dura mientras no se acaba y esto ya se *acabo* para nosotros.

Cesar, le dio un beso a Diana, al mismo tiempo que luchaba por no llorar y con los ojos vidriosos se bajo de la camioneta.

El oficial al mismo tiempo que le decía sus derechos, le colocaba las esposas en sus manos, y lo mismo hizo con Diana.

Cesar, por su carácter apacible, no atinaba que decir. En realidad no había nada que decir, pues simple y sencillamente eran unos: >>*Indocumentados sin derechos a querer progresar, sin derecho a soñar con una vida mejor, sin derecho a buscar un mejor futuro, sin derechos a nada por el hecho de ser "El correo indeseado, que iba a ser mandado a su remitente… México"*<<

¿Por qué oficial? –Pregunto Diana, mientras se rehusaba a subir a la patrulla del sheriff, atorándose de los pies con el pavimento-. ¿Por qué?

-Porqué ¿Qué? - Replico el oficial extrañado de la pregunta.

-¿Por qué a nosotros? ¿Y por qué me esposa?

-Señora, pudo haber sido a cualquier persona, y si la esposo es porque, son los seguimientos de rutina, de seguridad.

-¿Me ve cara de criminal? –Pregunto Diana, con los ojos llenos de lágrimas.

-Lo siento- Respondió el oficial, yo solo lo hago por mi protección.

¡Protección! Espeto Diana , acaso cuando reviso mi record, le dijeron que soy la *criminal* más buscada de Arizona. ¿O que soy una terrorista?

El oficial no respondía nada.

-¿Sabe usted cual fue el peor crimen que cometí?

El oficial solo los miraba.

-Mi peor crimen fue, haberme venido a los Estados Unidos, en busca de una *vida mejor,* querer tener unas cuantas cosas, que en mi país jamás hubiera tenido, querer darle más cosas a mi hijos, una mejor oportunidad de estudiar, de ser alguien en la vida. Yo y mi esposo llegamos hace varios años con dos hijos en brazos y ¿Sabe usted donde están ellos? ¡En el cementerio! me los mataron unos desalmados que pertenecían a una pandilla- dijo diana sin poder contener el llanto, su voz sonaba llena de coraje, rabia y melancolía.

-Lo siento -dijo el oficial con un poco de tristeza en su voz.

-Yo nunca -continuo Diana-, o más bien nosotros nunca le pedimos nada al gobierno, siempre pagamos nuestros taxes(impuestos), nunca agarramos ni un solo centavo del gobierno y si eso me hace una criminal, entonces sí, espóseme-expreso Diana mirando al oficial

-Señora, no me mire de esa manera, yo solo cumplo con las leyes, unos las proponen otros las aceptan y yo las cumplo.

Diana, bajo la mirada y le pidió una disculpa al oficial por su actitud, pues el oficial tenía razón, el solo cumplía con las leyes que algunas personas que consideraban a los inmigrantes como una carga o plaga, las aprobaban.

-Oficial, le puedo hacer una pregunta ¿Usted está de acuerdo con esta ley?

-Señora por favor entiéndame, yo solo hago mi trabajo y por favor no me haga preguntas que no le puedo responder, –expreso el oficial al mismo tiempo que abría la puerta trasera de la patrulla para que Diana entrara.

Diana, le regalo una sonrisa a su esposo y le dijo:- Te amo, estamos juntos en las buenas y en las malas ¿Qué no?

-Me siento orgulloso de ti le -dijo Cesar, correspondiéndole la sonrisa.

-¿Qué va a pasar con nuestra hija? –Inquirió Diana, con cierta preocupación.

-No lo sé –respondió Cesar, compartiendo el mismo sentimiento de su esposa.

La preocupación de ellos, era porque en los siguientes días Gaby, sería mayor de edad, y conforme a las Leyes de Estados Unidos. "Ella será independiente" que ya podría decir por sí misma, si ella quería, podía seguir viviendo con sus padres, o salirse de su casa. Gaby, siempre expreso su deseo de permanecer en este país. Toda su vida la había pasado aquí, por eso es que la idea de regresarse con ellos a México, no era muy buena para ella, pues allá, no conocía a nadie, ni siquiera a sus parientes, debido a su situación legal, sus padres nunca habían podido ir de vacaciones a su país. Pero ahora Cesar y Diana, si irían a México, a pasar unas largas vacaciones... Forzadas, pero al fin vacaciones. Así que la decisión de regresarse a México, si sus padres eran deportados o no, solo iba a depender de ella, y de nadie más.

La patrulla avanzo, Diana y Cesar, voltearon hacia otras y le dijeron adiós a la avenida Camel Back; minutos después de que llegaron a la oficina del sheriff, arribó una patrulla del servicio ICE.

Ellos así como miles de personas que, ya habían comparecido ante un oficial de inmigración, al no tener nada de cómo defenderse, o de que alegar para que ICE, los dejara libres, tuvieron que firmar su salida voluntaria. De no hacerlo tendrían que esperar a comparecer ante un juez, y en ciertos casos tendrían que esperar hasta tres o cuatro semanas, y ellos estaban conscientes de que ya en los Estados Unidos, >>se les había acabado todo<<.

Gaby, por su parte, por temor a que a ella también la deportaran, no fue a visitarlos mientras estaban en las oficinas de inmigración. Pues semanas antes a que sus padres fueran detenidos, salió un aviso de parte del gobierno que decía: *"Que todas aquellas personas que quisieran visitar en las cárceles o detenciones de inmigración, tendrían que demostrar que residían legalmente en el país, pues si no, no podían visitar a ningún criminal". (Inmigrante o indocumentado)*

Lo cual hacía un poco más difícil la situación para las personas que estaban o están detenidas, que esperan enfrentar un juicio ante un juez de inmigración.

Aunque Gaby, era ciudadana americana, prefirió no arriesgar, pues todos los acontecimientos y leyes en el estado de Arizona, habían creado en su corazón cierta desconfianza hacia la policía.

El viernes 7 de Diciembre, Diana y Cesar, abordaron el autobús, en el cual junto con otros veinte criminales (perdón, indocumentados) serian llevados hasta la frontera con México.

Mientras cruzaban la ciudad de Phoenix, Cesar, le dijo adiós a sus grandes avenidas, a sus enormes centros comerciales, le dijo adiós a aquella gran ciudad, que tristemente para los hispanos, las nuevas leyes de inmigración habían ido opacando poco a poco su belleza. Desde la autopista miro aquel majestuoso estadio de beisbol, casa de los "Arizona Diamon Back" una lágrima llena de tristeza y nostalgia rodo por su mejilla al recordar que muy a menudo visito ese estadio en compañía de sus hijos. Recordó aquellas tardes felices, que junto a sus hijos disfruto de un buen partido de baseball. Fugazmente paso por su mente el cuadro de sus hijos, come y come cacahuates y semillas de girasol y de cómo esas cascaras tiradas en el piso eran desquebrajadas bajos sus pies, cuando celebraban el "Home Run" de un integrante del equipo de casa. Paso momentos maravillosos en ese estadio junto a sus hijos, mientras que en casa, Diana, y su pequeña Gaby, preparaban la cena, y entre todos, juntos, contarse las anécdotas ocurridas esa tarde en el estadio.

Cesar, cerró los ojos y busco de entre el cajón, de sus recuerdos y se encontró a sus dos hijos recostados en el piso a las afueras del estadio cubiertos con una cobija, esperando largas horas, para poder comprar un boleto para la "Serie Mundial que disputo Arizona en contra de los Yanquis de Nueva York" no soportando mas, por el recuerdo de sus hijos dormidos en aquella cobija esperando que la enorme fila avanzara. Se refugió lleno de lágrimas en el regazo de Diana;

Ella le acaricio el cabello, en señal de comprensión, pues Diana, se dio cuenta de todos los recuerdos bonitos que él tenía de ese estadio de baseball.

Ahora sí, la tumbas de sus hijos se quedarían solas por siempre, nadie las limpiara, nadie les va a llevar sus flores, a menos que Gabriela, decidiera quedarse en los Estados Unidos, pues ella sería la única que cuidaría de las tumbas de Irving y Marvin.

Esa situación no solo la iban a vivir Diana y Cesar, pues con las miles de personas que, ya han sido deportadas lo han *perdido todo* aquí en el país, han perdió el privilegio de llevarle una flor a la tumba de sus muertos.

Mientras llegaban a la frontera al igual que Cesar. Diana, recordó lo vivido con sus hijos. Se recostó sobre el duro sillón de plástico del autobús y pensó en lo que ella había vivido junto con su familia en los últimos meses; persecuciones, frustraciones, miedos, tragedias y una gran tristeza que sentía todas las tardes al escucharse por el televisor que miles y miles de padres y madres eran separados de sus hijos y familiares, a niños llorando, implorando de rodillas que no deportaran a sus padres, ruegos que eran inútiles ante los agentes de ICE. Gente que se escondía, gente que ya le había perdido la confianza a la policía. <<Que ironías de la vida>> Pensó Diana, hay estados en la Unión América en que la gente le tiene más miedo a la policía que a los mismos criminales, pues si les roban algo no hay problema, si es algo material lo vuelven a comprar y listo, pero si los deportan… Lo pierden todo.

Recordó a aquella pobre mujer de Chicago, -Elvira Arellano- que tenía miedo de ser deportada y se había refugiado en una iglesia y que después de un año de encierro no aguantando mas se entrego a las autoridades de ICE, y tristemente vio como era separada de su pequeño hijo.

También pasaron por su mente las escenas del pasado 1ro de Mayo del 2007, en donde un pobre vendedor de helados fue golpeado brutalmente por la policía de Los Ángeles, California. Fue en una de las manifestaciones organizadas por instituciones a favor de los inmigrantes. Este pobre hombre fue mandado al hospital en un estado crítico y que gracias a Dios, sobrevivió a la frustración del gobierno. Meses después los jefes de la policía reconocieron que actuaron mal y le pidieron una disculpa… Por desgraciarle la vida…

Este hombre quedo marcado para toda la vida tanto física como mentalmente.

Diana, reconoció que mucha de la gente apoyaba las leyes en contra de los indocumentados, o eran hispanos o habían llegado a los Estados Unidos de países de Europa, Asia y África, y el caso perfecto es el de un hombre que hace algunos años llego a E.E.U.U. como un inmigrante más. Por circunstancias de la vida le comenzó a ir bien, se convirtió en actor de Hollywood, y años después este inmigrante, ya siendo ciudadano americano se convirtió en gobernador de California. El siempre se opuso a que los inmigrantes en ese estado tuvieran el privilegio de tener >>*Una licencia de conducir*<<

Este hombre, cuando visitaba a ciertos países haciendo promoción de sus películas, era recibido con gran entusiasmo, para mucha gente en América latina él es como un ídolo, mucha gente lo alaba y respeta… Pero él como gobernador apoya leyes en contra de los inmigrantes. ¡Vaya situación! Un hombre que hace algunos años llego como inmigrante, no quiere a los inmigrantes… ¡Hasta la Vista Baby!

Diana, siempre pensó que ella iba a ser testigo de un gran cambio en el gobierno de los Estados Unidos, Diana por ser mujer se inclinaba un poco más hacia… La señora Hilary Clinton. Diana, sabía que gran parte de la constitución de los Estados Unidos, fue tomada de la Santa Biblia, pues este país fue fundado por cristianos, cristianos que en alguna vez *salieron huyendo* de países de Europa, debido a la gran persecución de la cual eran objetos en aquellos tiempos.

Diana, recordó pasajes en la Biblia, en que Dios, al no haber hombres para juzgar a su nación, levanto a mujeres para que juzgaran a Israel.

¿Sera el caso en E.E.U.U. que Dios, levantara a una mujer para dirigir a esta gran nación, nación que va en picada?

Aunque por otro lado, también del mismo partido los demás precandidatos a la presidencia tienen en su corazón el ayudar a los inmigrantes y enderezar el rumbo de este país. Para los millones de inmigrantes que hay en este país cualquier presidente que quede electo, ya sea del partido Republicano o Demócrata, es bueno siempre y cuando *cumpla sus promesas* de ayudar a los inmigrantes. De que va a ver un cambio histórico en los Estados Unidos, lo va a ver, pues es la primera vea que se postulan a la presidencia hombres de descendencia de diferentes razas y sexos, Hilary Clinton (lógico mujer), Barak Obama (hijo de humilde africano), y Bill Richardson (hijo de padre americano y madre mexicana), estos por el lado Demócrata. En el caso del señor -Barak Obama- es un poco especial, pues es la primera vez en la historia de los Estados Unidos en que un precandidato a la casa blanca de descendencia afroamericana (padre africano y madre norte americana) que iba a la par en las elecciones preliminares con un anglosajón o en este caso con la señora Hilary Clinton. Y eso debería de ser un gran ejemplo para todo el mundo pues aunque aparentemente vivimos en un país libre aun existe el sentimiento de señalar a los que no son americanos, se señalan a los Asiáticos, hispanos, negros, ilegales, *mojados.* El señor Obama nos está demostrando que *querer es poder,* el tuvo el pensamiento de que si se *quiere se puede* y está decidido de si quedara como presidente electo cambiaria el rumbo del país. Y eso debería de motivarnos de apoyar a nuestros hijos, hermanos, parientes, o amigos de que sigan en la escuela de que se gradúen de que sean alguien en la vida y porque no, que algún día veamos sentado en la oficina Oval a un hispano. Barak nos está demostrando que eso del color de piel o de nuestra descendencia no debería de detenernos en querer lograr nuestras metas y sueños. (Fue una lástima que el señor Bill Richardson se retirara de su camino a la casa blanca por falta de apoyo)

Por el lado Republicano, todos son de descendencia anglosajona (Americanos) excepto por Tom Tancredo. Y como lo expresara Gaby en una ocasión, solo un candidato de este partido-John McCain- estaría dispuesto a ayudar a los indocumentados que hay en este país.

El cambio histórico, y el futuro, de millones de indocumentados e inmigrantes, dependiera del próximo presidente de los Estados Unidos, ¿Quién será?... Solo Dios, lo sabe. A esta fecha ya se sabe quién es el nuevo presidente.

Diana, si será testigo de ese gran cambio, pero lo hará desde su país, de lo que igual será testigo junto con su familia será que si el padre de un valiente soldado que está enfrentando (dando su vida) una batalla en IRAK, ¿Sera deportado? Ni siquiera el padre o la esposa de un soldado tienen el derecho de permanecer en este país, aquellos soldados desde el campo de batalla, al mismo tiempo que dan su vida por la "libertad" de este país, verán si el gobierno tiene *misericordia* de sus familiares; esta es otra ironía de la vida, pues mientras que aquellos valientes soldados dan la vida por un país que ellos ¡AMAN! Su país intenta *deportar* a sus seres queridos, que ironías de la vida ¿Qué no?

EL rechinido de los fierros, al presionar el freno, sacaron de sus pensamientos a Diana, y Cesar. Estaban a unos cuantos metros de enfrentar su triste realidad, habían llegado a la frontera con México.

Todos uno a uno fueron abandonando el autobús, agarrando sus pocas pertenencias cruzaban la garita que está en la ciudad de Nogales, Sonora.

Los últimos en bajar fueron Cesar, y Diana.

Al otro lado de la reja, les esperaban dos sorpresas, bueno una a Diana, y dos a Cesar.

Diana, antes de bajar del autobús se aferro a los barandales y después de varios segundos de indecisión, el oficial de inmigración le pregunto: -¿Le sucede algo señora?

-Si -contesto Diana, con los ojos vidriosos a punto de llorar-. Me pasa que ustedes tiraron a la basura diecisiete años que yo y mi familia vivimos en su país, y así como si nada nos dan una patada y ya.

-¿De qué me habla señora? –Pregunto el oficial un poco extrañado del comentario de Diana. Yo solo cumplo con mi trabajo.

-Así -dijo Diana, mirando directamente al oficial-. ¿Y por qué no cumplió con su trabajo hace años?

El oficial frunció una ceja, seguía sin entender.

-¿No quiere entender o no puede entender?

-Señora, yo no soy un tonto- Expreso el oficial- Si usted me explica yo le entiendo.

Diana, soltó un resoplido y dijo:- Si le pregunte que porque no hizo su trabajo antes es por lo siguiente: Por qué durante los diecisiete años que mi marido y millones de inmigrantes pagaron taxes, ¿Por qué no les exigieron un número de seguro social bueno? ¿Por qué cuando al tesoro de los Estados Unidos, llegaban millones y millones de dólares al año, debido a que nunca reclamamos un solo centavo de vuelta, porque ustedes no pensaron en que éramos una plaga?...¿Por qué no dijeron que éramos el correo indeseable? ¿Por qué cuando ustedes, con nuestros taxes, construían sus carreteras y puentes no decían que es dinero del producto de trabajo de los ¡Criminales! (Indocumentados)? ¿Por qué oficial? ¿Por qué? si nosotros nunca fuimos una carga para el gobierno. ¿Por qué esta guerra en contra de los indocumentados? Nosotros le hacemos más bien que mal gobierno.

-Lo siento señora- Dijo el oficial con un tono de voz suave- Yo solo cumplo mi trabajo.

-¡Yo solo cumplo con mi trabajo! –Repitió Diana- esa frase la he escuchado cientos de veces >>*Yo solo cumplo con mi trabajo*<< ¿Acaso las personas que aprueban las leyes se ponen a pensar en las consecuencias de estas? ¿A caso no les conmueve un poco, ver el sufrimiento de miles de niños separados de sus padres?

-Lo siento- Volvió a decir el oficial- Yo no puedo hacer nada.

El oficial de inmigración, a pesar de los reclamos de Diana, no perdió el control de sí mismo. El ya había enfrentado ese tipo de situaciones con anterioridad, sabía que las palabras de Diana, eran producto de la frustración, la impotencia, y la tristeza que embargaban su corazón.

Cesar, se acerco a Diana, le acaricio la cara, le limpio las lágrimas y con palabras de amor le dijo:- mi amor… ya se acabo todo, perdimos la batalla, ya no podemos hacer nada, todo se acabo- Cesar, apretó los dientes e hizo un esfuerzo para no llorar, pues tenía que ser fuerte ante su esposa.

El oficial los miro con tristeza.

Con Cesar y Diana, ya sumaban miles las personas que él había llevado hasta la frontera, y como decía el *"Yo solo cumplo con mi trabajo"* el cumplía con la ley no importando si esa ley provocaba el sufrimiento de miles de niños que se quedaban sin padres.

Cesar, y Diana, avanzaron hacia la puerta de metal, agarrados de la mano, cruzaron aquella frontera, frontera que divide a la felicidad con la desdicha, aquella frontera que divide un supuesto sueño americano con una terrible realidad. (Que ellos en ese momento estaban viviendo).

Un oficial de inmigración de México los miro cruzar la puerta, y puso un gramo mas en el peso que ya tenía en su corazón, pues Diana, y Cesar, no eran los primeros ni serán los últimos que cruzarían esa reja con la derrota reflejada en sus facciones.

-En lo que les podamos ayudar, estamos a sus ordenes- dijo el oficial tartamudeando por el nudo que tenía en su garganta, pues se podía notar a leguas la gran tristeza que embargaba el corazón de la pareja -. Si les puedo ayudar en algo lo haría con gusto.

-Gracias- señaló Cesar- Pero estamos bien.

El oficial asintió con la cabeza y se marcho, pues otro camión lleno de inmigrantes había llegado.

Como lo había dicho Cesar, ellos ya habían perdido la *batalla,* batalla, que ellos iniciaron, al intentar permanecer en los Estados Unidos; detrás de ellos, se quedaron millones de inmigrantes luchando por esa batalla, esperando que alguien no *importando quien...* pero que ese alguien vuelva a encender la antorcha de la estatua de la libertad, y que le dé el verdadero significado a la palabra ¡LIBERTAD!...Y que revalide las palabras que dijera en aquel entonces el ex-presidente de los Estados Unidos, Grover Cleveland: *"No nos olvidaremos que la* ***libertad*** *ha construido aquí su hogar. No se descuidara el alta elegido."*

Libertad, el significado a esa palabra se perdió en los últimos meses en la unión americana, ahora Cesar, y Diana, estaban en su país ¿Tendrían ellos en su país esa libertad? No lo sabían. Pero si tenían bien claro que ya no sufrirían persecuciones, miedo de salir a la calle, miedo de llamar a la policía apara reportar algún crimen. Ellos ya no sufrirían los embates de un legislador llamado "Tom Tancredo". Que pretendía legislar las mas posibles leyes en contra de los inmigrantes, como la de oponerse a la decisión de una corte federal de San Francisco, California. Que decidió detener definitivamente la ley que penalizaría a empleadores que contraten indocumentados, y de que el "seguro social" no mandara cartas a todos los empleadores. (Ley que desafortunadamente se aprobó en el estado de Arizona)

-¿Qué vamos a hacer? –Pregunto Diana.

-No lo sé. –Respondió Cesar, mientras echaba un vistazo a su alrededor.

-¡Mama!..... ¡Papa!

Los ojos de los dos se llenaron de alegría al reconocer la voz, en efecto, era su pequeña Gaby, que había decidido irse con ellos a Guadalajara.

-¡Mi niña! – Dijo Cesar, al mismo tiempo que corría para abrazarla.

-Nosotros creímos….

-Pues creyeron mal- Aclaro Gaby, al mismo tiempo que los abrazaba y besaba.

-Ustedes perdieron dos hijos en los Estados Unidos, y no iban a dejar a una hija. ¿Oh si? –Expreso Gaby, con lágrimas en los ojos por la emoción de estar con sus padres.

Aunque solo habían estado separados unos días, para ellos era como si hubieran pasado años.

-Mi amor, ¿Por qué no te quedaste en Phoenix?... Allá puedes tener un mejor futuro que acá en México.-Decía Diana, mientras apretaba fuertemente a su hija.

-Madre- Dijo Gaby, con la voz entre cortada- Yo no aguanto la presión del gobierno hacia los indocumentados, además mi mejor futuro es junto a ustedes

-¿Y cómo llegaste aquí? Cuestiono Cesar.

-Ella me trajo.

Debido a la emoción no se habían percatado de Megan, su vecina americana.

-¡Gracias! ¡Muchas gracias! –Expresaba, Diana, estrechándole la mano a Megan.

-No es nada- señaló Megan-. Lo hago con gusto y cariño.

Megan por más que intento no pudo contener el llanto pues se dio cuenta del gran amor que se tenía la familia por más que quería entender a su gobierno no podía, no entendía como había leyes que separan a familias completas. Cuando deportaron a Cesar y Diana, el hermano de Cesar, había ido de vacaciones a Guatemala, su esposa era originaria de aquel país.

-Madre, solo pudimos traer lo indispensable, sus cosas personales y unos cuantos cambios de ropa.

-Está bien mi amor no te preocupes- Dijo Diana, cariñosamente- Ya Dios, nos suplirá.

La sorpresa que le esperaba a Diana, era que Gaby, decidió irse con ellos para Guadalajara, pues ella tenía cierto temor de que su hija no quisiera dejar los Estados Unidos. Pero a Cesar, le faltaba una sorpresa.

-Mama ¿Ya le dijiste a papa? –Dijo Gaby, aclarándose la garganta.

-¿De qué hablas? –Pregunto Diana.

Cesar, las miraba extrañado.

Gaby, dirigió su mirada al vientre de su madre:- Lo del regalo de navidad.

-¿De qué regalo hablas?- La cuestiono Cesar, desconcertado.

En el rostro de Diana, se dibujo una chispa de picardía revuelta con ternura. Se acerco a Cesar, lo beso, se mordió los labios y le soltó a quema ropa: -¡Estoy embarazada, voy a tener un hijo!

¡Que!- Exclamo Cesar- ¿Me estas bromeando?

-No mi amor, no es ninguna broma, tengo cuatro semanas de embarazada- Decía Diana, al mismo tiempo que se limpiaba las lagrimas producto de la emoción.

Cuando Cesar salió de su sorpresa, pues había quedado congelado por la noticia, comenzó a gritar y a brincar lleno de alegría:- ¡Voy a ser papa otra vez! ¡Voy a tener un hijo!

De repente pego una cerrera y se aferro a la reja que divide a Estados Unidos, con México, y le grito al oficial de inmigración que aun no se marchaba.

-¡Hey oficial!

-¿Qué pasa amigo?

-Allá en los Estados Unidos, perdí diecisiete años de mi vida, allá se quedaron sepultados mis hijos. Yo creí que allá lo había dejado todo, creí que me habían echado… ¡Con las manos vacías!...Pero no es asi, Dios, nos va a dar la bendición de tener otro hijo.

-Me da gusto- Dijo el oficial.

-¡Hey! Volvió a gritar Cesar, ¿Sabes una cosa?

-Dígame amigo

¡QUE DIOS SIGUA BENDICIENDO A AMERICA!

El oficial de i inmigración sonrió y movió la cabeza en señal de aceptación, puso el autobús en marcha y se alejo.

La gente que cruzaba "La frontera del miedo" (Muro de la Vergüenza) Se le quedaba mirando a Cesar, extrañados por su actitud. Era como si estuviera loco pues lo acababan de echar para afuera y él le gritaba al oficial de inmigración: ¡Que Dios, siga bendiciendo a América!

Pero para Cesar, gritar eso no era una locura pues el siempre estuvo agradecido con los E.E.U.U. Pues él, en su país tal vez jamás hubiera llegado a tener algunas cosas que él tuvo acá, como un auto, buenos muebles, y algunos aparatos de excelente calidad, como televisiones, estéreos, un refrigerador. El nunca tuvo excesos, pero tampoco tuvo muchas necesidades económicamente hablando… pero tal vez no hubiera perdido a sus hijos, no al menos tan jóvenes.

De no haber sido por la muerte de sus hijos todo hubiera salido de maravilla… ¡Ah! Y casi se nos olvidaba, que no todo hubiese estado peor, de no haber sido por algunas leyes de inmigración, él no estuviera en México, y con una orden de restricción, de no entrar al país por lo menos en diez años. Pues gracias a una ley que entro en vigor en Noviembre, del 2007, a él le impusieron cargos como un ¡Criminal! Ya no como un indocumentado sino como un criminal y Estados Unidos, ya no tolera a los ¡Criminales!, bueno no los Estados Unidos, sino unos políticos con más influencias que otros.

Después de despedirse de Megan, y darle las gracias una vez más por haber tenido el buen corazón, de llevar a Gaby, hasta la Frontera. La familia Rodríguez abordo el autobús que los llevaría hasta su natal ciudad, Guadalajara, Jalisco, México.

Durante el trayecto la familia recordó todo lo que habían vivido en el país más rico de Norte América. Les toco vivir los sin sabores de la vida, los va y benes, los altibajos, les todo vivir una triste realidad… Las pandillas destructoras. Hasta antes del comienzo de las redadas de ICE, La vida no era fácil, pero no era tan complicada, no había temor de salir a la calle, no había miedo de llamar a la policía para reportar un crimen por menor que este fuera. No se sentía el acoso de las autoridades federales. Tal vez el gobierno nunca lo sepa, pero entre la gente hispana y principalmente entre la gente indocumentada; las deportaciones, las redadas, las separaciones de familias, el sufrimiento de tantos hijos sin sus padres, ya tienen nombre y la gente a todo esto le llama.... ¡La gran persecución de Norte América!

¡Qué triste! es todo esto tan triste y real que no solo la familia Rodríguez, sino miles y miles familias han comprobado, que el futuro pone su cara de perro si se le pega la gana, pero ahí iban juntos, con la esperanza de que el pequeño ser que se formaba en el vientre de Diana, les diera una alegría, después de tantas tristezas y sufrimientos. Qué gran bendición de Dios, para con Diana, que a sus casi cuarenta años, volvía a tener el privilegio de ser madre.

Eran como las 8:00 A.M. cuando el autobús se comenzó a internar entre las calles de la gran ciudad de Guadalajara. En diecisiete años aquella ciudad había experimentado grandes cambios, ya no había calles empedradas, sino pavimentadas. Aunque era de día se podía notar que había un mejor alumbrado público, grandes centros comerciales, en fin, grandes cambios para bien de la comunidad.

-Ya no está como la dejamos-. Dijo Diana, con la tristeza reflejada en sus facciones.

-No, ya no, las cosas cambian.

Poco a poco el autobús se fue quedando vacio. Adentro en la sala de espera, sus familiares los estaban esperando. Todos habían experimentado los cambios que hace el tiempo con su caminar. Los niños ya eran unos adultos, los sobrinos de Cesar, que en un tiempo el regaño por sus malcriadeces algunos ya eran padres.

Era un momento mezclado entre la tristeza y la alegría, sonrisas y llano.

Los padres de Cesar, ya eran ancianos, pues él era el menor de sus hijos, poco a poco con su lento caminar, se acercaron a Cesar, el ya no pudo más y al mismo tiempo que los abrazaba rompió en llanto. Lo mismo sucedió con los padres y hermanos de Diana. Los padres de ella aun estaban jóvenes y fuertes, pues ella había sido la segunda en su familia.

Cuando menos Cesar y Diana, tuvieron el privilegio o más que privilegio, diríamos, la gran bendición de Dios, de haber vuelto a ver a ver a sus padres con vida, privilegio que miles… miles de personas no vuelven a tener, y es de volver a ver a sus padres con vida, millones de personas estamos propensos a no volver a tener ese privilegio. Lo dejamos todo en nuestros países, familiares, amigos, cosas materiales, pero lo que más importa en la vida también lo dejamos… dejamos a nuestros padres… **¡Por un puñado de dólares!** Dejamos todo por venir a trabajar, por tener un centavo más en la bolsa, por poder ofrecerle algo mas a nuestros seres queridos, en algunas ocasiones hasta a hacer peores trabajos que en nuestro país, y al final de cuentas, para el gobierno americano somos unos *criminales,* y no personas con deseos de superación.

-Si no es por la migra que te dio una patada no nos vienen a ver ¿Verdad? –Expreso el padre de Cesar, llamado Evaristo.

-Lo siento padre- Reconoció Cesar, al aceptar que su padre tenía razón.

-Usted, no se agüite- Dijo su padre volviéndolo a abrazar.

-Lo bueno es que están bien-. Dijo Ana, la madre de Cesar.

-¿Y quién es esta bella jovencita? –Pregunto Manuel, el padre de Diana.

-Es nuestra hija, Gaby. –Contesto Diana, al mismo tiempo que la abrazaba y la besaba en la frente.

Silvia, la madre de Diana, se acerco, a Gaby, y acariciándole la cara le dijo:- Ven mi amor tú vas a ser mi nieta favorita, bueno aunque en realidad eres mi única nieta, pues mis otros hijos, solo tienen varoncitos.

Gaby, sonrió y abrazo a sus abuelos, esa era la primera vez que ella los veía. Ya los conocía por fotos, y una que otra vez había hablado con ellos por teléfono, pero no había tenido la dicha de conocerlos en persona.

-Bueno- dijo Gaby- Usted no será mi abuela favorita, porque tengo dos- Añadió Gaby, sonriendo y dándole un beso a su abuela Ana, una mujer de casi ochenta años de edad.

Nadie se atrevía a preguntarles por sus hijos, o a hacer algún comentario pues sabían que sería algo doloroso.

-Les tenemos una sorpresa- dijo Cesar rompiendo el gran silencio que se había formado en la sala de espera. –Diana y yo vamos a tener otro hijo.

-¡¿Qué?! –Dijeron todos con sorpresa.

-Así es- aclaro Diana –estoy embarazada.

-Voy a ver otro hijo tuyo- Dijo Ana llorando de alegría -a mi edad y voy a tener otro nieto, otro recién nacido entre mis brazos.

-Así es madre- Expreso Cesar, con lágrimas en los ojos, regalo exclusivo de la emoción.

Días después ya instalados, en su casa, una pequeña casa que el padre de Cesar, había construido con esfuerzos, y con el dinero que él le mandara de los Estados Unidos. (La casa que construyera cesar en la primera vez que vino a los estados Unidos la vendieron pues creyeron que jamás regresarían a México). Evaristo, en su juventud, se había ido al Norte de Bracero, y tuvo muy malas experiencias, y el siempre pensó que los Estados Unidos no se habían hecho para su hijo, asi que el con ese presentimiento construyo la casita.

Diana, por su edad, se tenía que cuidar, para no poner a su hijo en ningún riesgo. Ella al enterarse que volvería a tener un hijo, deseaba con toda su alma que su bebe naciera en los Estados Unidos, pues ellos al no tener nada económicamente que heredarle, ella pensaba que al nacer su hijo en E.E.U.U. y ser ciudadano americano sería la *mejor herencia* que ellos le podían dar, pues asi, si su hijo en el futuro en caso de que ellos hubiesen decidido regresarse a México, el se quería venir a Norte, el ya no tendría que cruzar la frontera como ilegal arriesgando su vida, pero todo cambio totalmente, ellos habían sido deportados para México, y su hijo nacería en aquel país.

Gaby, se enfrentaba a una cultura muy diferente a un país con costumbres desconocidas para ella. Aunque sus padres trataron de inculcarle muchas de esas costumbres, Gaby, pensaba un poco diferente a ellos, pronto se dio cuenta que la vida en México, era muy diferente a la que estaba acostumbrada. Le pareció gracioso que todas las personas la saludaban, y en especial las personas mayores de edad, que se quitaban el sombrero al verla pasar. Ya sea por la cultura o estilo de vida, en los Estados Unidos, son muy pocos los que saludan a las personas que se encuentran en las calles.

Aunque Gaby, se había salido por su propia voluntad, enfrentaría los mismos problemas que ya han enfrentado y enfrentaran las miles y los miles de niños y jóvenes que han sido deportados junto con sus padres, adaptarse a una nueva sociedad y forma de vida.

Un primo hermano de Cesar, le iba a tratar de conseguir un trabajo en una conocida aerolínea, como traductora de inglés al español. Cesar, y Diana, hicieron el esfuerzo de que aprendiera a hablar un perfecto español, lo que es de admirar, pues muchos padres en los Estados Unidos ya no lo hacen, es una lástima que haya padres que no enseñen a sus hijos a hablar español, pues a veces por la falta de conocimiento, o en algunos casos por ignorancia, no saben que el privar a sus hijos de ser bilingües, los privan de tener mejores trabajos, pues hablando uno o más idiomas tienen las puertas más abiertas, pues con un poco de esfuerzo y graduándose del colegio podrían conseguir un excelente trabajo como traductores de idiomas, pero no, muchos padres no les ensenan a sus hijos a hablar español. En el caso de Gaby, mientras esperara su turno para entrar a la Universidad, trabajaba como cajera bilingüe en el restaurante.

Cesar, por su parte comenzó a buscar trabajo pues no quería gastarse los pocos dólares que Gaby, había rescatado de su cuenta de banco, no iba a ser fácil, pues el después de diecisiete años de ausencia, se sentía como un extraño, se encontraba en su ciudad, en su estado, en su país, en circunstancias, muy pero muy lejanas a las que él hubiera esperado.

-¿En qué tanto piensas mijo? –Pregunto Ana, su madre espantándole y formándole un nuevo torbellino de sentimientos dentro del.

-En lo cruel, y lo bondadosa que puede ser la vida al mismo tiempo- Respondió Cesar, sin dejar de mirar a su bella esposa meciéndose bajo el porche en una silla mecedora con la fotografía de sus hijos gemelos recargada contra su pecho.

-¿A qué te refieres? –Inquirió su padre.

-Lo cruel, fue que perdimos a nuestros hijos allá en los Estados Unidos, nos esforzamos en salir adelante, recordé siempre sus consejos trate de seguir su ejemplo, de ser un hombre de provecho para la sociedad, de no meterme en problemas con nadie y de siempre respetar a mi prójimo, trate siempre de respetar las leyes de un país que no era el mío, y al último ¿Qué? Salimos deportados con cargos criminales… Y lo bondadoso de la vida es que estoy con mi esposa, con mi hija, y con un bebe en camino –La voz de Cesar, se entrecorto- Y la más grande bendición que Dios, me ha dado en los últimos días es que… los volví a ver con vida.

Cesar, ya no pudo hablar pues el gran nudo que se formo en su garganta impidió que cualquier sonido escapara por su boca, no pudiendo contenerlas más dejo que las lagrimas traicioneras abandonaran su escondite que tenían en lo más profundo de su sentimientos. Pues Cesar, en los últimos años, tuvo el presentimiento de que nunca volvería a mirar a sus viejitos hermosos, llenos de canas. Al menos el tuvo el privilegio de volverlos a abrazar a besar. Sus padres, comprendían el momento por el que su hijo estaba pasando. Ahí los tres abrazados, bajo el porche, con un cielo de color miel, a punto de anochecer, formaban un cuadro, para el cual no se encontraron las palabras para describirlo…. era tan… era tan… que solo se puede decir que muchos cambiamos ese cuadro, esa imagen, ese momento… ¡SOLO!... ¡ POR UN PUÑADO DE DOLARES!

PROLOGO

Estas historias no son solo historias sacadas de mi imaginación sino que son testimonios de lo que se vive día a día en los Estados Unidos de Norte América. Y estas historias son solo algunas de las miles o millones que se viven a diario en los Estados Unidos. Cada persona tiene su historia, su vivencia; millones de personas tendrán algo que contarles a sus hijos, o a sus nietos, de que arriesgaron su vida por llegar a los E.E.U.U. Que cruzaron montañas, que cruzaron nadando el Rio Grande, que navegaron sobre una pequeña balsa en el inmenso mar, y que cruzaron a pie… ¡El temible desierto de Arizona!

Pero miles no tendrán ese privilegio, es mas ni siquiera tuvieron el gran privilegio de decir: ¡Yo cruce la frontera entre México y los Estados Unidos! Pues se quedaron a la mitad, perdieron sus vidas tratando de alcanzar, algo que para ellos fue… *¡Lo inalcanzable!* Como una vida mejor, un mejor futuro, unos centavos más en la bolsa de su pantalón, un poco mas de comodidades para sus familiares que se quedaron en sus pueblos, o ciudades… ¡Pero no lo lograron!

Y esa es una de las principales intenciones de este libro, de crear conciencia y demostrarle a las autoridades, políticos, legisladores o a personas civiles que orgullosamente portan el titulo de -¡Anti-inmigrantes!- De que no es tan fácil llegar a los Estados Unidos, de que para poder llegar a la tierra de los sueños, de las promesas, *"De la libertad"* se sufre, se llora, se arriesga la vida, se pasan hambres, sed. Y que en el cruce de la frontera se viven o se ven cosas que uno jamás piensa que se van a ver o a vivir.

Hasta hace algunos años sobrevivir en los Estados Unidos, no era complicado, pero desde el año 2003, hasta el 2008, en que se escribió este libro. El vivir en los Estados Unidos, ya no era lo mismo. Ahora se vive con temor, miedo, desesperación, frustración, y tristeza, son sentimientos que embargan el corazón de miles de esposas, niños, padres y madres, que han pasado la penosa separación de sus familiares, todos por la deportaciones del "Servicio de inmigración" (ICE) y todo esto es como consecuencia de los ataques terroristas a las torres gemelas de Nueva York. Desde un tiempo a la fecha ese ha sido un buen pretexto para muchos legisladores el aprobar leyes en contra de los indocumentados o no aprobándolas a favor de la comunidad hispana, alegando: *No es seguro dale una licencia a un indocumentado, pues ya tenemos miedo desde el ataque terrorista del 9-11.* O dándoles poderes federales a las autoridades locales para poder fungir como agentes de inmigración, acto que solo acrecentó el resquemor y la desconfianza hacia la policía de parte de la comunidad hispana. Y las consecuencias no se hicieron esperar, pues los agentes de la policía local tanto como de California, Texas, Colorado, Arizona y de Carolina del Norte entre otros, se comenzaron a quejar del incremento del crimen, y del silencio de la comunidad hispana ¿Pero de quien fue la culpa? ¿De la comunidad hispana? o ¿De las agencias de policía?

Hay algunas ciudades en que ver a un agente de inmigración es muy raro, pero si se tiene el contacto diario con la policía, y si en alguna ciudad existe el convenio del ICE con el gobierno de esa ciudad, de que sus agentes, la hagan de inmigración, no hay que ser unos genios o expertos en la materia para darse cuenta que una persona, se va a quedar callada si es testigo de algún crimen, pues tiene el temor de que si acude a la policía, esta podría acabar siendo deportada. Esto unido a las declaraciones de algunos políticos de que la comunidad inmigrante, son unos *criminales,* defraudadores, que contaminan el suelo americano, que les robamos sus trabajos y que somos *"El correo indeseable"* (Back to sender) * (La palabra inmigrante; incluye a legales o ilegales). Hizo que saliéramos a hacer preguntas a las calles, a los trabajos y a las oficinas de gobierno, principalmente a los agentes de la policía que son los que batallan día a día con la comunidad en general. Hicimos preguntas para saber si el pueblo piensa y siente los mismo que los legisladores, tanto locales como federales, y nos sorprendimos de las respuestas que obtuvimos de la gente que entrevistamos. De entre la gente que entrevistamos, que fueron más de doscientas las personas entrevistadas y que sobresalen, un juez de la corte suprema de justicia del Estado de Oregón, un oficial del sheriff del condado Marion (Oregón), un oficial de la policía del Estado de Oregón, un oficial del Estate Trooper, un oficial de la policía municipal de Tualatin, Oregón. Y un pordiosero, limosnero, o un Home Less, como mejor se le conoce en los Estados Unidos. Eso de pedir dinero en los cruceros de las calles o debajo de los puentes de las autopistas, se ha vuelto una gran competencia, y más adelante se darán cuenta el porqué.

Comencemos con el oficial de la policía de Tualatin, OR. A todas las personas que entrevistamos les hicimos casi las mismas preguntas. Al oficial lo entrevistamos antes de que abordara su patrulla, después de haber comprado una bebida refrescante en una gasolinera. Después de explicarle el motivo de nuestras preguntas, el no quería acceder muy bien, pues sabía que sus respuestas y comentarios saldrían publicados en un libro. Al ver nuestra insistencia accedió a conversar con nosotros.

- ¿Oficial, usted está de acuerdo con todas las nuevas leyes que están aprobando en contra de la comunidad inmigrante?

-¿Cómo cuales leyes? –Pregunto el oficial.

-Por ejemplo de que el servicio de naturalización e inmigración (ICE) firme acuerdos con ciertos departamentos de la policía local, para que dichos departamentos tengan el derecho o poder de fungir como agentes de inmigración, siendo que ese trabajo es a *nivel federal* y no estatal.

Oficial:- pues yo estoy de acuerdo con todo lo que penalice la constitución americana.

-Pero eso no respondió a nuestra pregunta. Si le preguntamos a usted directamente es porque usted es un oficial de la ley. Haciendo más clara la pregunta. Si aquí en el estado de Oregón, el jefe de la policía local firmara un acuerdo con ICE, ¿Usted apoyaría o estuviera en contra de dicho acuerdo?

Oficial:- Si se firmara un acuerdo o ley de ese tipo, yo la haría cumplir con todo el rigor de esta misma. Ese es mi trabajo ir en busca de los *"Criminales"* para hacerlos cumplir la ley.

- Entonces ¿Usted piensa que un inmigrante es un criminal?

Oficial:- La constitución dice que entrar al país ilegalmente es un crimen.

- Dejando la constitución y su trabajo como policía ¿Usted qué piensa de esas leyes?

Oficial:- Yo no te puedo dar una respuesta personal porque este es mi trabajo y yo me apego a la constitución.

-¿Entonces usted si está de acuerdo con esas leyes?

Oficial: Si la constitución, o las nuevas leyes criminalizan a un inmigrante, no es mi culpa, yo solo hago cumplir le ley ese es mi trabajo.

-¿A usted le parece justo que una familia, que vivió en los Estados Unidos, por más de quince años, que siempre pago sus impuestos, que no le pidió ni un centavo al gobierno, que trabajaron de sol a sol, para poder mantenerse; salgan deportados y con cargos criminales?

Oficial:- Justo o injusto, ese no es mi problema, nadie les mando llamar. Entraron de ilegales, violaron la ley, y si se les capturo y fueron mandados a su país de origen, ese es su problema no mío, o del gobierno.

El oficial intento dar por terminada nuestra plática al poner en marcha el auto patrulla.

–Solo una pregunta mas –insistimos.

-Pero la ultima que me tengo que ir a trabajar.

- ¿Usted a recorrido la interestatal cinco (I) 5 desde el Estado de Washington, hasta California?

-Sí, varias veces tengo familiares en San Francisco.

-Como usted sabe en todo el Noroeste, su *economía* depende en gran manera de la agricultura, y si el gobierno decidiera sacar a cada uno de los inmigrantes que hay en este país. ¿Quién va a trabajar bajo el inclemente sol por el salario mínimo? ¿Quién va a plantar pinos en la sierra, con una temperatura que esté a punto de congelación?

No hubo respuesta.

El oficial sin contestarnos la pregunta, cerró su portezuela y se marcho.

-*Los inmigrantes*- susurramos mi compañero y yo.

Bueno, así como cada una de las personas que habitamos en este mundo, el oficial tiene su forma de pensar.... *Y se respeta.*

La entrevista a los oficiales tanto como de la policía estatal como del State Trooper, fue más fácil pues estaban disfrutando de un café. Pues ya el frio invierno comenzaba a dar sus avisos en el Estado de Oregón. Mi compañero y yo nos presentamos ante los oficiales, y gustosamente accedieron a respondernos las preguntas. Después de presentarnos, hicimos la entrevista.

-¿Ustedes están de acuerdo que los departamentos de la policía, ahora tengan funciones como inmigración?

- Pues la verdad- dijo el oficial del State Trooper, era un hombre como de cincuenta años de edad- Yo no estoy de acuerdo en cómo el servicio de inmigración está trabajando. Yo no tengo nada en contra de los inmigrantes, a mi no me afecta en nada que vengan, que trabajen, que junten su dinero y que después se regresen a su pueblo, a mi no me afecta en nada.

- Yo opino lo mismo que mi compañero- dijo el oficial del Estado. –Pero esos si- aclaro, el State Trooper-, lo que si me desagrada y bastante, son todos aquellos inmigrantes que un día llegaron a este país con ganas de trabajar y al poco tiempo se vuelven unos *delincuentes,* y que después echan a perder a la juventud, los envuelven en drogas, en robos, eso si me molesta, que vengan de otros países y que sigan cometiendo sus crímenes aquí, yo estoy en contra de todo lo que signifique *crimen.*

-Pero el gobierno federal, no piensa asi, hay algunos legisladores que quieren pasar una ley, que criminalice a todo inmigrante.

-Pues si- nos interrumpió el oficial del estado- he escuchado algo de eso, pero en un punto de vista muy personal, yo creo que la palabra- *criminal-* está siendo un poco mal empleada, yo no le veo nada de malo que ustedes vengan, trabajen, y quieran obtener un mejor futuro económico, no creo que eso los convierta en unos criminales. Pero estoy de acuerdo con mi compañero en cuanto a los delincuentes. Nosotros estamos para proteger a la comunidad y para combatir a la delincuencia. Hace como unas dos semanas detuvimos a un camión que traía miles de discos piratas, y al siguiente día detuvimos a un auto que transportaba cocaína. A ellos son a los que tenemos que atrapar y encarcelar a los *verdaderos criminales* y no a ustedes que solo vienen a trabajar. Pero cabe resaltar que los delincuentes que atrapamos eran hispanos.

-Yo he patrullado esta auto pista por muchos años- añadió el State Trooper- y tengo que reconocer que si el estado ha crecido es gracias a ustedes los hispanos, hace quince o veinte años no había tanto movimiento como ahora, yo creo que el gran crecimiento del país es por ustedes, pero desafortunadamente es también por los hispanos en que ha crecido el crimen, y principalmente por los pandilleros que llegan de América Latina. ALGO INEGABLE

- Pero aunque yo no estoy de acuerdo de que la policía trabaje en conjunto con inmigración- continuo el State Trooper- yo estoy para eso, para cumplir con la ley, y si el gobierno del estado de Oregón, firma un acuerdo con ICE, con mucha tristeza en mi corazón tendría que cumplir con mi trabajo- finalizo el State Trooper.

-¿Y usted? –Le preguntamos al oficial del estado- ¿Usted participaría junto con el ICE?

-¿De donde son ustedes? –Nos pregunto el oficial.

-De México- Respondimos.

-Me reservo esa respuesta- dijo el oficial al mismo tiempo que me daba una palmada en el hombro –. Lo único que te puedo decir es que me encanta Mazatlán, México.

Nos despedimos de ellos sonriendo por lo que nos había dicho al último.

La entrevista con el oficial del sheriff, del condado de Marion, fue un poco más curiosa pues el oficial nos detuvo por conducir nuestro auto con un foco fundido de las luces delanteras, y aprovechando que estábamos con él, le hicimos la misma pregunta que a los policías anteriores.

- Oficial ¿Usted está de acuerdo que la policía y principalmente el departamento del sheriff, tenga funciones como inmigración?

El oficial frunció el entre cejo pues era obvio que no esperaba nuestra pro gunta, y después de pensarlo unos segundos dijo al fin-. La verdad no, yo no estoy de acuerdo con esos tratados, acuerdos, leyes o como les llamen.

-¿Y por qué no está usted de acuerdo?

-Ustedes pueden ser un claro ejemplo- respondió el sheriff- supongamos que en este momento yo tuviera poderes de ser como inmigración, y que ustedes fueran indocumentados, y yo los fuera detener, yo creo que ustedes no se detendrían, pues sabrían que yo les exigiría que me mostraran alguna documentación legal, tratarían de darse a la fuga y eso sería terrible pues, al darme cuenta de su acción yo los perseguiría y esa persecución podría terminar en una fatalidad. Una persecución no solo pone sus vidas en peligro, sino también la mía y la de la comunidad.

-¿Entonces usted no está de acuerdo de que la policía actué como inmigración?

-¡NO!- Respondió el oficial con firmeza- además de eso, los acuerdos firmados entre los departamentos de la policía en diferentes estados solo han creado temor, recelo, la gente ya no respeta a la policía, ahora le tiene temor, y el temor no es buen sentimiento. Y la verdad yo prefiero cien veces tu respeto que tu temor.

-Pero algunos de los legisladores, tanto en el gobierno del estado de Oregón, como en Washington, D.C. no piensan lo mismo.

-En ese caso- volvió a responder el sheriff- yo lo único que puedo decir es que para eso están los legisladores, para proponer, analizar, aceptar o rechazar las leyes, siempre y cuando sean en beneficio del Estado y del país; pero también hay una cosa y que es muy importante, los legisladores no andan en las calles *lidiando* con la gente, nosotros somos los que estamos en contacto con ustedes. Pero que te puedo decir, ellos son los que saben lo que es mejor para el país.

-¿Pero realmente lo saben? -Hablando del tema de los indocumentados

-Pues espero en Dios, que sepan lo que hacen-. Respondió el sheriff, al mismo tiempo que nos devolvía nuestras identificaciones.

Continuamos con nuestra entrevista, pero ahora las preguntas se la hicimos a ciudadanos civiles. Nuestras preguntas fueron un poco diferentes: ¿Qué opinan de las redadas de inmigración? ¿Qué opinan de las separaciones de las miles de familias por causa de las redadas del ICE? Entre otras. La respuesta de la gente fue casi la misma: Que condenan a las redadas del ICE, pues han causado muchas separaciones de familias, causando grandes daños en sus miembros, principalmente en los niños, pues dichas separaciones solo causan, tristeza, dolor, sufrimiento y daños psicológicos irreversibles en los niños.

Otros las inhumanizan.

Algunos se preguntan ¿Por qué esta guerra en contra de los inmigrantes, y principalmente después del ataque terrorista del 9-11-2001? ¿Acaso nosotros tuvimos la culpa de ese ataque?

Esa respuesta solo la sabe el secretario de Seguridad Nacional, que fue quien le declaro la guerra a los inmigrantes.

Una de las respuestas que más nos sorprendió, fue la de una mujer, y de una pareja que salían de un supermercado muy famoso en la unión americana. La mujer nos respondió:>> Sabes una cosa hasta el año pasado yo me preocupaba por este problema de las redadas de ICE, pero gracias a Dios, en Marzo de este año (2007) yo obtuve mi residencia permanente, así que ya no me importa ni me afecta eso de los inmigrantes, ahí que se las arreglen como puedan<<.

-¿De dónde es usted? –Le preguntamos sorprendidos por su respuesta, pues unas vez que había obtenido su residencia se había vuelto indiferente a un grupo del que ella meses atrás formaba parte.

-De Venezuela- Respondió la mujer.

-Pues usted fue muy afortunada por no haber sido rechazada su solicitud a la residencia permanente en este país, porque de haber sido rechazada su solicitud, el servicio de inmigración la hubiera tenido que deportar para su país, y entonces estaría peor de cómo llego aquí.

-¿Estaría peor en mi país? ¿A qué te refieres?

-¿Acaso no ha visto últimamente las noticias? El presidente Hugo Chávez, está tratando de imponer sus propios ideales, y por lo consiguiente está rompiendo sus relaciones con el gobierno de otros países, tales como E.E.U.U. México, España, y Colombia. Así empezó el gobernante cubano Fidel Castro, a cortar sus relaciones con otros gobiernos y a imponer su régimen comunista.

-Pues estas muy equivocado- dijo la mujer- en cuba no hay libertad y en mi país si la hay.

-Nadie ha dicho que en Venezuela, no hay libertad, en aquel país hay libertad de expresión, lo que no hay es libertad después de la expresión ¿O me equivoco?

-Eso que dices es una gran mentira- discrepo la mujer-. Hasta ahorita no se ha registrado que alguien vaya a la cárcel por expresarse bien o mal del gobierno venezolano.

-Usted tiene razón nadie ha ido a parar a la cárcel. Pero dígame usted una cosa si en realidad en Venezuela, hay libertad de expresión ¿Entonces porque no le renovaron la licencia a la radiodifusora, que criticaba al gobierno Venezolano? ¿A eso le llama libertad de expresión?

-Mira te voy a decir una cosa ya para acabar con nuestra platica, yo espero que el presidente de Venezuela, sepa lo que está haciendo, y si no a mí que me importa, yo ya soy residente de este país, asi que el tema de los inmigrantes ni me va, ni me viene.

¡Qué egoísmo!

-Nosotros también esperamos en Jesucristo, que no solo el presidente de Venezuela, sepa lo que hace, si no todos que también los sepan todos los gobernantes del mundo, pues la humanidad va de mal en peor, hambres, muertes, guerras, y todo es en gran parte es gracias a nuestros gobernantes- inquirimos terminando nuestra platica con la mujer.

Es una lástima y hasta tristeza da reconocer que así como esta mujer venezolana, hay cientos de *hispanos* que hace algunos años llegaron como inmigrantes a este país, así como los millones que hay, pero con más fortuna. Por cualquiera que haya sido la vía que obtuvieron su residencia y ciudadanía, y de ahí se volvieron indiferentes, egoístas y hasta discriminatorios. ¿Por qué se vuelve la gente de esa manera? Una gran pregunta difícil de responder. Y otra prueba de esos sentimientos la encontramos con una de las tantas parejas que entrevistamos en las afueras del mismo supermercado.

-¿Tendrían unos minutos para respondernos algunas preguntas?

-pero que sea rápido- dijo el hombre llamado Eustaquio- porque llevo mucha prisa.

Después de explicarle el motivo de nuestra entrevista dijo la esposa del hombre llamada Epifania:- Pues tal vez voy a sonar egoísta o hasta de mal corazón pero la verdad yo si estoy de acuerdo con lo de las redadas de la migra.

-Pero ¿Y porque está usted de acuerdo con las deportaciones que está realizando el servicio de inmigración?

-Porque es verdad lo que dice el gobierno de que los ilegales le vienen a *robar* el trabajo a los ciudadanos americanos.

¿De donde son ustedes?- le preguntamos a la pareja.

-De Michoacán, México- respondió la mujer mientras bajaba a varios niños de su camioneta tipo familiar. Eran siete en total.

-¿Y en que trabaja usted?- le preguntamos al hombre.

-Yo ahorita no estoy trabajando, estoy desempleado.

-¿Y cuanto tiempo tiene desempleado?

-¿Como cuánto tiempo tengo sin trabajar vieja?- le pregunto a su esposa.

-Como unos siete meses-respondió la mujer.

-¿Y no ha encontrado trabajo o no a buscado?

- Pues la verdad no he buscado trabajo, decidí tomarme unas vacaciones.

-¿Y de que vive o como se mantiene?

-Agarro desempleo (otro beneficio del gobierno, pero beneficio que solo pueden obtener los residentes legales)

-¿Y todos ellos son sus hijos?

-No- respondió la mujer- solo estos dos, a los otros yo los cuido, ese es mi trabajo, cuidar niños.

-¿Y en que trabajan los padres de los niños?

-En el campo- respondió la mujer- andan en la pizca.

-Un momento-espete- primero usted dice que está de acuerdo con lo de las redadas del ICE porque según los inmigrantes le vienen a robar el trabajo a los residentes. Segundo su esposo no ha buscado trabajo porque decidió tomarse unas "vacaciones", pues agarra dinero del desempleo. Y tercero usted cuidad los hijos de los inmigrantes que se están rompiendo el lomo bajo el sol en el campo. ¿No cree usted que sus sentimientos anti-inmigrantes son absurdos y sin fundamento? Y eso no es todo sino que usted se beneficia de los inmigrantes al obtener trabajo cuidando los hijos de ellos.

- Si me beneficio o no eso a usted no le importa- señaló la mujer muy molesta por mi comentario hacia su forma de sentir- cada quien se gana la vida como se puede ¿Qué no?

-claro- le respondí- pero lo que se me hace absurdo es que usted por un lado apruebe las redadas de inmigración y por otro al mismo tiempo que un inmigrante trabaja más de diez horas bajo el sol usted tiene trabajo gracias a ellos.

-Vámonos viejo- le dijo a su esposo- estos hombres son mas necios que nosotros, no entienden que los Estados unidos estarían mejor sin inmigrantes.

-Con todo respeto señora pero gracias a su ignorancia que *muchos* la comparten, usted también es un inmigrante, tal vez ahora ya es residente pero tengo la plena certeza de usted también fue ilegal ¿O me equivoco?

La mujer ya no contesto a mi comentario, y se alejo muy de prisa, pues se notaba que realmente estaba molesta. A si como esta mujer y su esposo hay muchos en los Estados Unidos. Gente que se beneficia de las ayudas que les da el gobierno ahora que ya son ciudadanos o residentes pero ya no se acuerdan de donde vienen y mucho menos se acuerdan de que alguna vez fueron inmigrantes y porque no, quizá hasta arriesgaron su vida cruzando como ilegales pero eso sí, ahora apoyan las deportaciones que está realizando el ICE. Mi compañero y yo nos preguntamos ¿Si era o es egoísmo o era algo peor ese tipo de sentimientos?

Al siguiente día volvimos al supermercado a entrevistar a más gente. En esta ocasión nos acercamos a un hombre americano de unos sesenta años de edad y amablemente comenzó a responder nuestras preguntas. Nos sorprendimos un poco cuando el hombre comenzó a decir: -Yo trabajo para el gobierno, a mí me dan un libro, en donde están las nuevas y antiguas leyes de la legislación, *<<Y yo estoy para eso, para hacer cumplir las leyes. >>*

La respuesta que dio el hombre, era muy similar a la de los oficiales de la policía que habíamos entrevistado anteriormente:- ¿Es usted un oficial de la policía? –Le preguntamos.

-Más o menos – respondió el hombre.

-¿Qué quiere decir con más o menos?

-Soy un juez de la corte suprema de justicia del Estado de Oregón- nos aclaro el hombre, mientras nos mostraba, un gafete y su identificación.

Mas sorprendidos nos quedamos al darnos cuenta del personaje al que estábamos entrevistando en esa ocasión, ¿Y quién mejor que él para darnos su punto de vista, de lo que estaba sucediendo, con el tema de los inmigrantes, y las separaciones de familias, debido a las incontables redadas de ICE?

-¿Qué opina usted, de todo lo que está sucediendo, entre el servicio de inmigración ICE, y los inmigrantes hispanos?

-Es un tema un poco delicado- señalo el juez- para poder responderte la pregunta comencemos desde abajo.

-¿Desde abajo? ¿A qué se refiere?

-Primero que nada, déjame decirte que a ustedes los hispanos les hace falta *educación* y no me refiero a educación académica. Pues yo se que en muchos países de Latinoamérica, hay demasiado analfabetismo. A la educación en la que voy a hacer énfasis, es en cuanto a las leyes que tenemos en este país.

-¿Cómo cuales leyes?

-A todas- indico el juez- uno de los más grandes errores que cometen los hispanos es que no se informan en cuanto a las leyes, piensan que aquí es como su país pero no es asi, y ustedes no lo pueden negar ¿O sí?

-¿A qué se refiere?

-Muchas de las leyes que son infringidas son por ignorancia de estas mismas y otras son por falta de respeto. Pero en fin, yo creo en lo personal que si en la actualidad hay muchas leyes en contra de los hispanos, en gran parte la culpa es de ustedes mismos.

-¿Y porque cree que es asi?

-Tú sabes que en este estado (Oregón) el DMV, no te exige un número de Seguro Social, válido para obtener una licencia. Pero la gente se obstina en seguir conduciendo un auto móvil sin licencia, y eso mi amigo es una violación a la leyes de tráfico. Yo no entiendo ¿Por qué la gente no saca una licencia de conducir? Si aquí es fácil. Antes el precio de las multas de tráfico eran mucho más baratas que ahora, y eso de que el precio de las multas subieran drásticamente también es culpa de ustedes. El gobierno subió las multas a propósito, solo para ver si ustedes entienden y asi sacan una licencia para conducir ¿Es culpa de ustedes o no de que el gobierno suba el precio de las multas? Esa es una de la primera ignorancia en cuanto a las leyes de este estado.

En este comentario el juez, tiene toda la razón, pues en lo personal nosotros conocemos a mas de una docena de personas que conducen su automóvil sin una licencia o a seguranza, y cuando les hacemos el comentario de que es una infracción a las leyes de trafico conducir sin una licencia, algunos han respondido: *-A mi no me hacen nada, a mí nunca me han parado, yo no ocupo una licencia-* incluso algunos se refieren a este tema con groserías y burlas. Pero la realidad es diferente, pues a muchas personas que les hemos sugerido que obtengan su licencia, y se han burlado, luego se andan quejando de que las multas son muy caras, tan caras que dependiendo de la violación, puede ascender hasta los ochocientos o mil dólares, junto con un castigo de comprar un seguro de auto -SR-22- un seguro especial para los que conducen sin licencia y aseguranza. En este comentario al juez le damos la razón una y otra vez, pues hasta antes del mes de Diciembre del año 2007 era relativamente fácil obtener una licencia en el Estado de Oregón.

-Entre otras de las leyes que los hispanos violan son las que el gobierno tiene a favor de la ciudadanía- continuo el juez-. En esta ocasión la gente no viola la ley por ignorancia, si no que lo hacen por abusivos.

-¿Abusivos? ¿Por qué lo dice?

-Si el gobierno se ha puesto un poco más exigente, en cuestión de ayudar a las madres solteras que piden welfer, (sustento alimenticio) es porque se ha descubierto que muchas mujeres incluyendo a anglosajonas, es que le han mentido al gobierno, y han mentido solo para sacar dinero, a esto se le conoce como *fraude* ¿Es culpa del gobierno que las mujeres mientan para sacar dinero del gobierno?

-Pero el welfer, es un beneficio del gobierno ¿Qué no?

-Tienes razón, pero en el último mes, se descubrieron a tres mujeres hispanas que le mintieron al gobierno, diciendo que sus maridos las habían abandonado, y que por lo tanto no tenían para la comida de sus hijos, ni para pagar la renta de su departamento. El gobierno les ayudo, pero unos días después descubrimos que estaban mintiendo, pues sus maridos jamás las habían abandonado, si no que solo se habían cambiado de domicilio, y el gobierno al descubrir su mentira, les tuvo que retirar su ayuda. Ahora si una mujer ya sea americana o hispana llega a pedir ayuda alimenticia, se les investiga muy a fondo para comprobar que están mintiendo en cuanto a su necesidad económica.

Da vergüenza reconocer que el juez tiene razón. Es vergonzoso descubrir que la gente abusa de la ayuda que el gobierno, y lo hacen mintiendo, una cosa es beneficiarse de la ayuda que proporcionan ciertas identidades, pero otra cosa es abusar, hay muchas personas que viven del gobierno y no tienen necesidad, y cuando el gobierno descubre sus mentiras luego le pone más *trabas* a las personas que si tienen una verdadera necesidad. Pero lo peor de todo es la forma es que las personas obtienen esa ayuda del gobierno, lo más vergonzoso para un hombre es que mande a su esposa y a sus hijos a ¡Mentir! Se es fácil decir: Yo soy hombre y puedo procrear los hijos que yo quiera. Pero hay que ser más hombre para mantener a su familia y el que la mantiene… Ese es hombre, no el que manda a mentir a sus hijos. ¡Qué vergüenza para un hombre que resulta ser un mantenido!

-No me han respondido a la pregunta que les hice ¿En parte es culpa o no de los hispanos de que cada vez haya más leyes en contra de ellos?

-Hasta aquí usted tiene razón señor, juez, pero el gobierno piensa que todos somos iguales, es verdad, hay mucha gente que no respeta las leyes, y miente, pero no todos somos así, hay gente que paga sus impuestos, que nunca le pide un centavo al gobierno, gente que es honrada y trabajadora, y que por muchos años han puesto su granito de arena para hacer de este lugar, un gran país…

-No te lo puedo negar- me interrumpió el juez- yo en lo personal reconozco que sin lo que ustedes han proporcionado en las últimas tres décadas, la economía de este país no sería tan grande como lo es ahora.

-Y si usted que pertenece a la suprema corte de justicia reconoce que los inmigrantes formamos una gran parte en la economía y estructura de este país ¿Por qué algunos de los legisladores en Washington D.C. no lo reconocen, en especial el señor Tom Tancredo?

-No lo sé, todas las personas somos diferentes.-Respondió el juez- no todos pensamos igual.

-¿No será que tienen miedo de reconocer públicamente, que los hispanos somos una pieza muy importante en el funcionamiento de este país?

-¿Miedo? No lo sé, lo que tampoco se, es el porqué han aprobado bastantes leyes en contra de la comunidad inmigrante. Yo te puedo responder por mi mismo no por los legisladores que están en Washington, D.C.

-¿Está usted de acuerdo o no, por todas la leyes que se están aprobando en contra de los inmigrantes? –Le volvimos a preguntar al juez pues nos dimos cuenta que trataba de evadir nuestra pregunta.

-En parte si, y en parte no.

-¿Y por qué está dividida su opinión?

-Dijeron que todo lo que y comentara o respondiera a sus preguntas, saldría en el libro ¿verdad?

-Así es.

-Sí, primero les dije lo de las licencias, y del Child Support, es para que se den cuenta de que la gente lo primero que tiene hacer al llegar a este país es informarse de las leyes, pero principalmente tiene que aprender a respetarlas…

-Pero ¿Cómo vamos a respetarlas? -Lo interrumpimos- si el gobierno cada día le cierra la puerta a los inmigrantes, en este estado estamos de acuerdo de que es una falta de conciencia, de decidía, de que la gente conduzca su automóvil sin una licencia de conducir, pero que me dice de los Estados como Arizona, California, Texas, entre otros que desde hace más de diez años no le dan una licencia de conducir a un inmigrante, en esos Estados aunque la gente quiera respetar las leyes no puede…

-En ese caso ustedes tienen la razón, como van a respetar las leyes si el mismo gobierno los orilla a violarlas. Y en cuanto a que si estoy de acuerdo con muchas de las nuevas leyes de ICE, es por lo siguiente: Las únicas leyes que yo apoyo son las que están en contra de los *criminales*.

-Cuando usted dice- *criminales*- ¿Se refiere a todos los inmigrantes?

-No, yo me refiero a los que venden droga, a los pandilleros, a los ladrones de autos, o a todo aquel que realmente sea un criminal, ningún gobierno quiere a los criminales en su país ¿O sí?

-No pues no.

-¿Y por qué me preguntaron si yo me refería a los inmigrantes como *criminales?*

-Porque en el estado de Arizona, cualquier inmigrante que sea detenido al tratar de cruzar ilegalmente es juzgado como un criminal.

-Sí, es muy triste- dijo el juez- yo tengo conocimiento de esas leyes, yo creo en lo personal que a todas las personas que se han convertido en antiinmigrantes o en diferentes casos algunos son hasta racistas, se les ha olvidado de dónde venimos.

-¿A qué se refiere?

-Este país, se formo por inmigrantes- expreso el juez- los primeros colonizadores fueron los cristianos que huyeron de Europa, pues eran perseguidos por la fe que tenían, entonces, si este país se formo por inmigrantes, yo soy descendiente de un inmigrante, y ya se le olvido a muchos políticos incluyendo a los gobernantes, que todos somos hijos de inmigrantes.

-¿Y porque no está usted de acuerdo con las redadas del ICE?

-La *familia* es la pieza más importante para la estructura de un país. En el seno familiar es donde comienza todo, la educación moral, todo comienza desde la familia; a mí en lo personal las separaciones de familia que causa el ICE, por sus redadas me parece injusto y en ciertos casos inhumano.

¿Te imaginas que va a ser de todos los niños que ahorita tienen siete u ocho años de edad? ¿Qué va a ser de ellos sin la guía de un padre, sin los consejos de su madre? Esos niños van a ser unos delincuentes, y te aseguro que va a subir en gran manera la taza de jovencitas que sean madres solteras. El gobierno está actuando ahora sin pensar en el futuro. Y aunque no estoy de acuerdo con las nuevas leyes o el sistema de trabajo del ICE. Yo como juez tengo que hacer cumplir la ley.

-¿Entonces para usted un inmigrante no es un criminal?

-Para mí un criminal, es un delincuente, no alguien que quiere venir a los Estados Unidos, para salir de la pobreza en la que se encuentra en sus países, que quiere tener algo mas, que quiere ayudar a su familia, aunque sea con un dólar, para mí un inmigrante que venga a trabajar y que viva honradamente su vida, para mi… ¡No es un criminal! –Dijo por último el juez terminando con nuestra plática pues ya se tenía que marchar, su familia lo esperaba en casa.

-¡Gracias por su tiempo! Y que ¡Dios lo Bendiga!, señor juez.

El juez se despidió sonriendo y haciendo un giño con el ojo derecho.

NOTA Tanto el juez, como los oficiales de la policía, nos pidieron que omitiéramos sus nombres del libro. Tal vez lo hicieron para no tener problemas en sus trabajos. Pues no hacía muchos días que unos legisladores les habían gritado a los alcaldes de Nuevo Laredo, y de Eagle Pass (Texas) Que se habían vendido por unos cuantos pesos, solo porque los alcaldes expresaron el por qué se oponían a la absurda idea de la construcción de un muro entre los E.U.A y México.

Y por ultimo entrevistamos a un indigente, pordiosero o home Less. Este hombre nos pidió que lo llamáramos –Spike- el hombre al momento de la entrevista se encontraba en uno de los cruceros más concurridos de la ciudad de Eugene, Oregón. Mientras platicábamos con él, nos dimos cuenta que la gente detenía su auto para darle dinero, algunas personas le daban un dólar, dos, cinco y hasta diez dólares. Pero no todos los que detenían su auto le daban dinero, algunos lo insultaban, lo maldecían y lo criticaban.

En pocas palabras nos conto el porqué de su situación: De muy joven comenzó a usar drogas, se volvió un alcohólico, y hubo un momento en que logro escaparse de las drogas y el alcohol, pero desafortunadamente volvió a tomar malas decisiones, y una vez más se refugió en los vicios.

-¿Y porque no buscas ayuda?

-Ya es muy tarde- Respondió spike.

-Nunca es demasiado tarde.

-Para mí sí.

-¿Y porque no buscas un trabajo decente?

- ¿Y en donde? – Pregunto Spike-. En mi situación nadie me va a querer dar trabajo. ¿Quién va a contratar a un limosnero? No tengo una dirección fija, no tengo nada, ni siquiera tengo un ID.

-¿Y porque no buscas trabajo en los campos agrícolas?

-¿Cosechando fresas? –Dijo Spike, sonriendo burlonamente.

-¿Y porque no?

-¿Estás loco mi amigo? Ahí te pagan el mínimo.

-Por algo se tiene que empezar.

-Yo ni loco trabajaría en el campo, y muchos menos por el sueldo mínimo.

-¿Qué tiene de malo trabajar por el sueldo mínimo?

- No tiene nada de malo, pero hay que estar loco para trabajar once o doce horas bajo el sol. No mi amigo yo aquí estoy feliz, si me va bien aquí saco más del mínimo. No necesito matarme en el campo, para trabajar en el campo están ustedes… Los inmigrantes.

-Pero si el gobierno sigue pasando leyes en contra de los inmigrantes, y el ICE, continua haciendo sus redadas en unos cuantos años no va ver quien trabaje en el campo, en caso alguno de que ya no hubiera inmigrantes en los E.E.U.U. Tú tendrías que trabajar en el campo

-¿Tengo? A mí nadie me obliga a trabajar y mucho menos en el campo. Si el país se queda sin inmigrantes, por las leyes que han aprobado los legisladores, allá en Washington D.C. Allá ellos, me gustaría ver que harían los de corbata y traje sin inmigrantes en los Estados Unidos. Sería divertido ver como se quiebran la cabeza los legisladores para ver quién quiere trabajar en el campo.

-¿Tú crees que los inmigrantes son necesarios para el país?

-Tal vez mi opinión valga menos que una lata de soda, pero yo pienso que América, no sería lo mismo sin ustedes.

-Pero algunos legisladores, gobernadores y jefes de la policía no piensan lo mismo que tú

-Yo creo en lo personal que algunos si piensan como yo, pero lo que pasa es que a muchos se le ha acabado o les hace falta la idea de cómo gobernar al país más hermoso del mundo, y al sentir esa frustración ¿Con quién crees tú que se desquitan? Se desquitan con ustedes, con los inmigrantes. Como ustedes no se pueden defender, no pueden exigir derechos, ustedes se humillan por un trabajo, por un dólar, usted los aguantan todo con tal de ganar un dinero para ayudar a sus familiares en sus países.

Al darnos cuenta de la forma en que piensa ese hombre no nos quedo otra más que darle las gracias por su tiempo, y pedirle a Dios que lo Bendiga.

Aunque Spike, utilizo varias veces la palabra *–loco-* la realidad es diferente, para trabajar en el campo o en la sierra, no se necesita estar ¡Loco! Lo que se tiene es *necesidad,* ganas de salir adelante, se tienen sueños de tener algo, de querer tener un mejor futuro, de trabajar bajo el ardiente sol, o en temperaturas extremas en la cierra solo para que nuestros familiares, ya sea en México, o en el resto de América, tengan un pedazo de pan o una tortilla extra en la mesa.

Cuando entrevistamos a Spike, fue en la época de verano, y la cosecha de las frutas estaba en su apogeo. Asi que le dimos una vuelta a los campos agrícolas de los alrededores de las ciudades de Eugene, Portland, Salem, OR. Y de Vancouver, Washington. Y los pocos anglosajones (americanos) Que encontramos en los campos agrícolas tenían o tienen los trabajos más cómodos como: capataces, choferes, pero fuera de ahí no había ningún americano trabajando en la cosecha de la fruta. En los campos agrícolas se encuentra gente de varios países, y da tristeza darse cuenta que en su mayoría la gente que trabaja en los campos es gente con escasa educación académica, muchos de ellos no saben leer ni escribir, pero si saben trabajar y *duro*. Esta gente no se espanta por el sol, por la lluvia o por un aironazo. Es gente que trabaja bajo cualquier clima con tal de obtener unos centavos más para así poder ayudarle a su familia, que tristemente dejaron en sus pueblos.

Eran comienzos del invierno del 2007, cuando nos dimos una vuelta por la sierra del los Estados de Idaho, Washington y Oregón, para comprobar cómo es el ambiente de trabajado en la poda o siembra de los pinos. Al igual que en el campo, es muy *bajo* el porcentaje de americanos que trabajan en la sierra....Ahí en la sierra si se sufre para trabajar. En el invierno las temperaturas son demasiado extremas, en algunas ocasiones se llega a punto de congelación. Pero el clima no es el único adversario o vencer, también hay que ir preparados para enfrentar la vida salvaje y las variaciones del terreno. *<<Nos hemos encontrado a osos y a gatos monteses>>*. Dijo una de las personas que entrevistamos en la sierra.

<<Y eso no es todo, si no tienes cuidado te puedes resbalar y vas a dar hasta el fondo de un barranco, en este trabajo arriesgas hasta la vida>>, expreso otro de los jóvenes que se había acercado a nosotros. Pero parece que todo ese que todos ese esfuerzo, todo ese riesgo que se toma al realizar los trabajos, el gran *sacrificio* que se hace al dejar a nuestras familias en nuestros países, que vende uno, lo poco que tiene, se endeuda para conseguir el dinero para poder venir a los Estados Unidos, los miles de inmigrantes que se atreven a cruzar y que ¡Tienen el privilegio de arriesgar su vida! Todo para poder ganar unos dólares para intentar salir de la pobreza y de la miseria en la que se encuentran los países de América Latina, pobreza que en gran parte es

culpa de los países subdesarrollados que acaparan toda la economía. Parece que todo esto no le importa a nuestros gobernantes y legisladores pues el pasado -16 de Noviembre del 2007- El gobernador de Oregón –Ted Kulongoski- (de extracción Demócrata) Firmo una ley ejecutiva en la que ordenaba ¡No más licencias para indocumentados en el Estado de Oregón! La ejecución de esta ley fue sorpresiva, nadie se la esperaba, días antes el gobernador apoyaba el seguir dándole licencias a los inmigrantes ¿Pero por qué cambio de opinión? Solo él lo sabe. El gobernador dice que el FBI, lo presiono diciendo que si el estado seguía proporcionando licencias a inmigrantes sin exigir un número de seguro social valido, las identificaciones y o licencias no servirían para uso federal, como entrar a edificios federales, o abordar aviones.

Otra de las presiones que según el gobernador obtuvo, fue de la misma gente, de la comunidad. Lo mismo alego el ex gobernador de Nueva York, pero lo raro es que si entrevistáramos a mil personas solo una o dos estarían de acuerdo en no dar licencias a inmigrantes. De todas las personas que entrevistamos para este libro ninguna era antiinmigrante (excepto el policía de Tualatin y la pareja de Michoacán, México, y la mujer de Venezuela) y todos estaban de acuerdo en que todos obtuvieran una licencia de conducir, pues asi la policía sabría quien anda en las calles, el DMV, tendría un control sobre los propietarios de autos.

Con esta ley se le quito uno de los privilegios más grandes que podía tener un inmigrante no solo en Oregón, si no en cualquier estado de la Unión Americana, se quito el privilegio de tener una licencia de conducir.

Aparentemente esta ley (en Oregón) es irrevocable, desafortunadamente va a pasar como lo que está sucediendo en Phoenix, Los Ángeles y Dallas y en otras tantas ciudades de la Unión Americana que la gente al no tener una licencia de conducir sabe de ante mano que si los detiene un policía y al no tener dicha licencia, les va a recoger su auto, así que la gente va a conducir carros chatarras, y lo peor de todo… sin aseguranza y entonces sí, si la gente comienza a huir de la escena de un accidente, por el miedo de no tener una licencia o aseguranza, de inmediato va señalar a los inmigrantes. *"Pero el gobierno sabe lo que hace"*. Esto es una muestra de que todos somos volubles, incluyendo a nuestros gobernantes.

-LOS TRABAJOS-

Por más que buscamos un oficio en el que no hubiera hispanos ejerciéndolo, no lo hayamos, en el campo, en policía, en el FBI, en la CIA, doctores, licenciados, y maestros. Necesitaríamos un libro completo para escribir cada uno de los oficios que hay en Estados Unidos. Incluso el jefe de inmigración es hispano, es el señor -David Aguilar-. En el único empleo en el que no hallamos a un hispano- es de trabajar- Como presidente de los E.E.U.U. Pero ya un descendiente de hispanos intento obtener ese empleo, nos referimos al gobernador de Nuevo México, (E.U.A) – Bill Richardson.

En nuestra visita por los campos agrícolas y la sierra de Washington, Oregón, California, Idaho, y Washington, nos dimos cuenta de algo y lo volvemos a recalcar, *-Es muy baja la presencia de americanos-* Y si ni siquiera-spike- el limosnero- quiere trabajar por el sueldo mínimo ¿Quién lo hará? ¿Quién trabajara bajo el sol? ¿Quién trabajara a temperaturas extremas? ¿Quién tomara los empleos que los americanos desprecian? Algunos dicen que los asiáticos, pero lo curioso es que en la gran mayoría de los restaurantes de comida china quienes cocinan y lavan los trastos sucios son los inmigrantes hispanos. Y si no son los asiáticos ¿Entonces quienes? La respuesta la sabemos nosotros, la sabe el gobernador de California, la sabe el sheriff de Arizona, la sabe el legislador de Colorado -Tom Tancredo, (hijo de padres italianos). La saben los legisladores en Washington D.C. y la respuesta a esa pregunta del millón es: …. **"LOS INMIGRANTES HISPANOS.**

LA LIBERTAD

La palabra *libertad* tiene un gran significado, pero desafortunadamente para los inmigrantes en los Estados Unidos esa palabra se está volviendo obsoleta, sin significado, vacía. Desde el año 2003, el gobierno americano se ha encargado de cambiar la palabra –¡LIBERTAD!- por la palabra –¡TEMOR!- Es curioso que vivamos en un país que ha librado guerras en contra de gobiernos opresores, que ha liberado a pueblos de hombres tiranos, que le ha devuelto la –"libertad"- a comunidades enteras, Pero aquí dentro de casa está haciendo todo lo contrario, para un inmigrante el salir a la calle, es como jugar a la ruleta rusa, en la mañana sale a trabajar, pero no sabe si por la tarde volverá a ver a su familia, no sabe si en su trabajo el ICE, efectuara una redada, o si la policía lo detenga y lo entregue al servicio de inmigración por ser indocumentado.

Otra de las formas en que se puede perder la libertad, es que alguien sea condenado por el gobierno de Arizona, por invasión al estado. Conforme a una ley u ordenanza que aprobó la legislatura de ese estado, es que si un individuo es detenido por tratar de entrar ilegalmente a los Estados Unidos, puede ir a la cárcel uno, dos o hasta tres años, bajo los cargos de *–invasión a propiedad privada-* vale la pena repetirlo una vez más, una persona que decide venirse a los Estados Unidos, como ilegal, tiene que vender sus escasas pertenencias, endeudarse, y en muchos casos pagar altos intereses por un préstamo adquirido, pasar por la penosa despedida de su familia, arriesgar su vida dependiendo por donde vallan a cruzar, por el desierto, por el rio, por el mar. Y si eso fuera poco, ahora tienen que enfrentar las rigurosas leyes anti-inmigrantes, que hay en el estado de Arizona, que es el principal lugar por donde cruza la gente. Es difícil imaginarse, a una persona que lo deja todo en sus países, solo por tratar de salir de la MISERIA y la POBRESA y que sea enviado a la cárcel por dos años, terrible situación ¿verdad?

Es tal el grado en que se ha perdido la libertad en este país, que la gente tiene miedo de acercarse a cualquier institución a pedir ayuda. Y el claro ejemplo lo podemos encontrar en el estado de California. Pues una familia fue deportada por el ICE, al tratar de obtener ayuda en el estadio de San Diego. Esta familia huía de los voraces incendios que atacaron a la parte Sur de California. ¿Por qué los deportaron? ¿Quién llamo al ICE? Esta familia solo trataba de huir del fuego y se encontró con algo desagradable… su deportación. ¿Qué libertad hay para pedir algún tipo de ayuda?... ¿Vivimos en un país libre? ¡Qué triste es vivir con miedo en el país más "libre" del mundo!

LA REFORMA MIGRATORIA

La propuesta de la reforma migratoria del presidente – George W Bush- fue un arma de dos filos. Uno de los filos era que si el congreso aceptaba tal propuesta se beneficiarían más de doce millones de indocumentados. Pero si no la aceptaba, -como sucedió-, millones de personas sufrirían las consecuencias. Miles de personas han sentido el rigor del otro filo de la navaja. Ese filo ya ha separado a miles de niños de sus padres, familias han sido sin misericordia cortadas de la noche a la mañana.

Aunque el gobierno lo niega; todo esto de las deportaciones, nuevas leyes antiinmigrantes, esfuerzos de parte de Seguridad Nacional, para que nadie contrate a indocumentados, se siente y se ve como una venganza política, pues las redadas y los ataques en contra de los indocumentados comenzaron un poco después del ex presidente de México- Vicente Fox- se negara a apoyar la guerra de los Estados Unidos, en contra de Irak. No se puede negar lo evidente ¿O sí? O si no ¿Porque no se han procesado las miles de solicitudes que han hecho los hispanos para hacerse ciudadanos americanos? (de las solicitudes no procesadas figuran principalmente la de la gente proveniente de México, tal vez para que no puedan votar por el próximo presidente)

Todo esto ha abierto el camino para que cualquier político haga declaraciones, con roses anti-inmigrantes. Como los inmigrantes no se pueden *defender,* es fácil atacarlos, si un inmigrante pudiera votar por el próximo presidente de los Estados Unidos, ningún candidato se colgaría el letrero de – ¡anti-inmigrante!- Y si lo quisiera hacer, lo pensaría dos veces. Por eso es fácil tratar de demostrar quién de los candidatos –republicanos es el más anti-mexicano o anti-inmigrante- como lo han venido haciendo en sus debates internos. Pensemos por un momento que el próximo presidente de los E.E.U.U. sea un –anti-inmigrante- y que este cumpla todas sus palabras, y que se dedique a hacer mas redadas con el servicio ICE, que construya su muro, que le declare una batalla sin cuartel a los inmigrantes hispanos y que en vez de mejorar el sistema político del país, se dedique a aprobar mas leyes en contra de los inmigrantes, entonces surgirían muchas preguntas, si no hubiera inmigrantes hispanos en este país tomando los trabajos que ni aun los americanos quieren hacer, entonces.

¿Quién va a limpiar los vidrios de las ventanas, de los rasca cielos de la amada ciudad de – Rudolph Giuliani, Nueva York- al que se le olvido – que cuando era gobernador dijo: *Que en ese estado eran bienvenidos los inmigrantes*

¿Quién limpiaría los pesebres y cuidaría de las reses que para cuando crezcan, saquen de ellas un delicioso filete que – Fred Thompson- disfrutaría en una parrillada?

¿Quién recogería por el sueldo mínimo (y sin beneficios), las fresas que usa- Ron Paul- en sus postres?

¿Quién trabajaría en el campo diez horas bajo el sol, cosechándole las lechugas y la coliflor que disfruta el sheriff- Joe Arpio- en sus ensaladas?

¿Quién juntaría los vegetales que consume- Arnold Schwarzenegger- el gobernador de California?

Si no hubiera inmigrantes. ¿Quién ayudaría a convertir los desiertos del estado de Arizona al cual representa el senador –John McCain- en bellos paraísos? Como el fraccionamiento *terra vita.* Este candidato a la presidencia de los Estados Unidos por parte del partido Republicano, es el único que dijo que en caso de quedar como presidente electo, en su primer año de mandato, sellaría la frontera entre México y los EE.UU. la pregunta es ¿Como lo hará? Es casi como un imposible pero bueno. Lo que también ha dicho en las entrevistas, es de que en su segundo año al mando vería lo de una reforma migratoria para los más de doce millones de inmigrantes que hay en el país. Este candidato fue el único que dijo en el foro presentado por la cadena Univisión, que se debería de tratar a los indocumentados con *compasión.* No dejando del todo afuera de sus planes una posible reforma. Y es el único del partido republicano que tiene esos pensamientos pues contrario a él, sus colegas dijeron y han dicho que una reforma o una amnistía, eran una ¡BURLA!

¿Quién le arreglaría los jardines a –Mitt Romney- Por el sueldo mínimo? (Sin seguro medico)

Esto demuestra que no hay nadie, absolutamente no hay nadie que no se beneficie del trabajo efectuado por las manos de un inmigrante hispano. Si el propio precandidato a la presidencia de los EE.UU. se beneficia ¿Entonces quien no se beneficia?

Incluso *inmigrantes hispanos* pudieron haber limpiado la casa del señor Michael Chertoff (secretario de Seguridad Nacional de los Estados Unidos de Norte América, país en donde en los últimos meses han muerto varios *hispanos* a manos de Racistas) y sin seguro médico o beneficio alguno, y sobra decir que trabajaban por el sueldo mínimo.

¿Quién haría los trabajos si no hubiera inmigrantes?

¿Quién los haría? Si no aquellos hombres y mujeres que en su país no tienen ninguna oportunidad de salir adelante, que en su país no tuvieron la oportunidad de ir cuando menos a la escuela primaria, que ni siquiera saben escribir su nombre en un papel, pero que si saben trabajar y *duro,* y que soportan humillaciones en este país, solo por tener un *dólar* en su bolsillo ¿O es falta de conocimiento o tal vez de valor el porqué muchos políticos no se atreven a reconocer que Norte América, necesita a los inmigrantes y que los inmigrantes necesitan a Norte América? Esta necesidad es mutua e innegable ¿O alguien lo puede negar?

LOS NUMEROS

Muchos políticos en ya sea legisladores o gobernadores no quieren o no se atreven a reconocer que los inmigrantes forman una pieza fundamental en la economía del país. Pero las cifras no mienten ¿O sí?

Sacando un promedio de lo que paga un inmigrante de taxes (impuestos) nos daremos cuenta si los inmigrantes aportan o no a la economía de los Estados Unidos, de Norte América.

El salario mínimo varea dependiendo del estado. Haciendo un balance de entre las personas que ganan el mínimo, $ 8.00 dólares, con algunas otras que ganan más de $15.00 dólares, la hora. El promedio nos dio $13.00 dólares la hora. $13.00 x 40 horas regulares que son las que normalmente se trabaja son: $540.00 dólares, de los cuales por muy poco que se pague de impuestos, son $140.00 dólares (incluyendo lo que va al seguro social) por semana, y nos da un promedio de $7240.00 dólares al año, solo por un inmigrante, ahora multipliquemos por 13 millones de inmigrantes que en realidad son mas, pero hay que hacer la multiplicación por esa cifra y nos da la cantidad de $96, 460,000, 000. ¡Noventa y seis mil cuatrocientos sesenta millones de dólares!

Una suma nada despreciable; ya quisiera un país europeo que una cantidad como esta entrara en sus tesoros, y eso sólo estamos contando lo que se paga de impuestos por trabajar, ahora si contamos con los impuestos que se pagan por las compras que se hacen más frecuentemente como ropa, zapatos, muebles, autos. Por ejemplo: En el estado de Arizona y California, que se paga taxes (impuestos) por todo, si alguien compra un artículo que cueste un dólar, con los impuestos incluidos se paga un dólar con ocho centavos. Y en realidad es muy poco el dinero que un inmigrante manda para su país en comparación con lo que se queda en los Estados Unidos: hay que pagar renta, aseguranza, el servicio del cable, el servicio del teléfono, el servicio de luz, entre otras cosas. Estas cifras son muy bajas en comparación con las que tiene el gobierno. Fuera de lo económico lo más importante es *la mano de obra.* Con estas cifras los inmigrantes forman parte de la economía de este país ¿Sí o no? Sí, la respuesta es ¡SI! Aunque algunos políticos no la quieran aceptar. Y si somos honestos nadie vive con el sueldo mínimo, por eso es que muchas personas en su gran mayoría anglosajonas dependen mucho del gobierno, pidiendo ayuda alimenticia y/o estampillas de comida. Si la gente hispana sobrevive con el sueldo mínimo es porque en ciertos casos viven en un departamento tres, cuatro o hasta cinco personas para poder pagar la renta; y si mucha gene hispana no le pide nada al gobierno es por miedo, miedo de que por pedir ayuda con estampillas para comida salgan deportados para su pueblo.

¿Hasta cuando fue que La Raza afroamericana, dejo de sentirse humillados, pisoteados, sobajados?

¿Hasta cuándo La Raza de color dijo: ¡Basta de tanto señalamiento!?

¿Hasta cuándo dijeron ya no a los ataques políticos, y comentarios con roses de racismo solo por su color de piel?

¿Hasta cuando fue que obtuvieron el derecho de ser tratados igual que las demás personas?

No fue sino hasta que se unieron, y tuvieron el valor de decir: *Aquí estamos y somos igual que un americano, (blanco),* no fue sino hasta que salieron de las sombras.

Y ya es tiempo de que los inmigrantes hispanos hagamos lo mismo. Desde el presidente George Bush, hasta el más humilde trabajador que no sabe leer ni escribir, sabe que los inmigrantes son una pieza importante para el esquema de E.E.U.U.

¿Entonces porque no hacemos nada?

Millones de trabajadores dicen y comentan: ¿Qué harían los americanos sin los inmigrantes hispanos? El que harían sin nosotros, EL ¿Quién trabajaría en el campo? El que harían, EL quien trabajaría, el que esto o que lo otro, ¡NO EXISTEN! *El que se quedara un día los Estados Unidos sin mexicanos*, es solo una ilusión, un pensamiento vano, un sueño con un terrible despertar. E.E.U.U. Jamás se va a quedar sin inmigrantes hispanos, hay que despertar, hacer algo, hay que apoyar, hay que ayudar a las organizaciones pro-inmigrantes. Si las marchas o manifestaciones, no han tenido el éxito deseado, entonces hay que buscar otra forma de que el gobierno se dé cuenta de que los hispanos somos de gran peso.

Los hispanos tenemos un arma muy poderosa, y los precandidatos a la presidencia la quieren tener de su parte, esa arma se llama, ¡VOTO! Tanto el partido Republicano, como el Demócrata, ya se han dado cuenta que si los mas de 17 millones de hispanos que pueden votar lo hacen, sin duda decidirían quien sería el próximo presidente de Norte América.

Ya es hora de dejar la flojera, la envidia, el egoísmo, el pensar en uno mismo. De alguna u otra forma nuestros hijos, hermanos, padres, u cualquier otro familiar se han visto beneficiado por que somos ciudadanos americanos. Años atrás algunas personas abogaron por nosotros, otras por su amor al prójimo han formado organizaciones pro-inmigrantes, el señor- Julio Cesar Chávez – hizo una de las mas históricas huelgas de hambre, todo con el fin de que el gobierno no aprobara leyes anti-inmigrantes y en todo caso que diera la amnistía a millones de trabajadores.

Hay que quitarse ese pensamiento de *"Yo ya soy ciudadano y ya la hice, hay que se las arreglen"* ¡No señor! Si no fuera por las organizaciones pro-inmigrantes, tal vez ni usted ni yo o millones de inmigrantes, gozaríamos de los beneficios de ser ciudadanos americanos, es tiempo de retribuir un poco de lo mucho que hemos obtenido. SON MUY POCOS, pero muy pocos los que podrían levantar la mano si se les preguntara ¿Quiénes son los que no han batallado o sufrido por haber logrado lo que tienen? Muy pocos levantarían la mano porque el resto los muchos millones si hemos batallado, hemos sufrido, hemos llorado, padecido hambres, sed, es un mentiroso aquel que un día va a su pueblo y cuenta todo como si fuera de color de rosa. NO ES FACIL vivir en los EE.UU. y menos aun después de tantas persecuciones de parte del gobierno. Mucha gente dice: -Hay que ayudar hay que apoyar – pero a las palabras se las lleva el viento, porque a la hora de que se requiere del apoyo de la comunidad para cualquier llamado de parte de las organizaciones pro-inmigrantes –la gente no se aparece- pero eso si llaman a las estaciones de radio y dicen: -Estamos dispuestos a brindar cualquier apoyo-. Y ahí en esas protestas o marchas al ver que hay muy poca gente apoyando surge la pregunta ¿Dónde está la gente que dijo, los vamos a apoyar en todo? Tal vez se quedaron viendo en el televisor su programa favorito. Pero habemos muchos que si queremos ayudar y que queremos poner nuestro granito de arena, entonces hay que salir de las sombras, *y votar*. Para los candidatos a presidente cada voto cuenta, cada voto hace la diferencia. (E hizo la diferencia, sí no pregunten al señor Obama).

Las promesas de los candidatos despertaron las ilusiones dormidas de millones de inmigrantes hispanos que hay en este país, promesas de una REFORMA MIGRATORIA. Las promesas incumplidas de un hombre se convierten en MENTIRAS. Lo peor que tiene el ser humano puede ser el de jugar con los sentimientos e ilusiones de otro ser humano. De la forma en que se escribió este libro fue con la intención de hacerlo pasar a la historia o de que se quedara como historia de lo que pasó y sigue pasando con los inmigrantes hispanos en Norte América. El 4 de Noviembre del año 2008, se escribió un párrafo importante en la historia de los Estados Unidos. Tal vez mucha gente en USA no sepamos quien es el presidente de Mali, de África del Sur o de Egipto; quizá no sepamos quien es el primer mandatario del Reino Unido, del Salvador, de Jamaica, de Honduras, ni sepamos quién es el gobernador de Georgia. Lo que sí es seguro es que dónde haya un televisor o una radio, allí se sabrá quién es el nuevo presidente de los Estados Unidos de Norte América. En el rincón más escondido del mundo se sabrá que Barak Obama escribió con tinta *indeleble* su nombre en la historia de los presidentes de los Estados Unidos. De ahora en adelante, en cada oficina gubernamental, estará la foto de Obama...de ahora en adelante, cada vez que se estudie en los colegios la historia de los presidentes estará allí en esas hojas el primer afroamericano como presidente. ¿La gente lo reelegirá en el año 2012? No se sabe, pero lo que sí es seguro es que su nombre jamás será borrado sea buen o mal presidente. Su nombre estará en los libros hasta que se acabe este planeta.

Es increíble, antes de su candidatura para presidente de los Estados Unidos, más de la mitad del país no sabía quién era Barak Obama, y ahora todo el mundo lo conoce, porque no solo era el candidato de los Americanos y residentes legales o ilegales, sino que era *el candidato del mundo entero* para ocupar la Casa Blanca.

Con la elección de Obama se volvió a encender una vez más la casi apagada ilusión de millones de inmigrantes. Cientos de miles de personas (aunque el nuevo presidente de los Estados Unidos de Norte América no los vio) celebraron el triunfo histórico del partido Demócrata detrás del televisor. Ahora, por primera vez desde que se fundó este gran país, sucedió lo inimaginable: un hombre Afroamericano se va a sentar en la casa blanca, no cómo invitado para tapar tan visible como la discriminación racial, sino que se va a sentar como el máximo mandatario del país más poderoso del mundo. SI SE PUDO, el señor Barak Obama rompió con todos los esquemas. Quién iba a decir que por los años en los que nació Obama, los afroamericanos no podían votar, y ahora en el 2008 no sólo los afroamericanos pueden votar sino que van a ser testigos de que uno de sus descendientes gobierne el país. Es verdad que le espera un gran reto, no solo enfrenta la triste situación de los inmigrantes, sino también la guerra en IRAQ, y la terrible situación económica por la que pasa el país. En el sector más bajo es donde más se sufre por estas situaciones. En cuestión de la guerra, muchos padres han sufrido la pérdida de sus hijos en la guerra, esposas que jamás volverán a ver a sus maridos, hijos que algún día mostraran una medalla de honor y dirán: "Esta se la dieron a mi madre porque mi padre murió en la guerra de Iraq, pero jamás lo conocí porque cuando él se fue yo aun no nacía."

La situación económica ha creado un gran caos e incertidumbre, cientos de miles de familias han perdido sus hogares y otros tantos los perderán en este año, esto es si no se soluciona la situación económica. Aquí los que trabajan sólo para llevar el pan a la casa son los que sienten el impacto de una economía en problemas. Un rico se siente desesperado y frustrado porque le salió mal un negocio en el que invirtió *millones* de dólares, millones de dólares, no unos cuantos dólares como los que se manejan en el sector bajo. Un trabajador se desespera porque ya se acerca el primero del mes y no tiene para pagar la renta o el teléfono. Aquí no se habla de millones, sino de unos cuantos dólares. Sólo cuando se sufre se comprende. Es triste que mientras los millonarios se gastan una fortuna en una fiesta, en unas vacaciones por el Caribe, llevan a sus mascotas a que los cuiden expertos: a que les hagan un manicure, o los entrenen para saludar con la pata. ¡La gente trabajadora está perdiendo sus hogares! La economía es un gran reto para el nuevo presidente.

Otro gran reto para el señor Barak Obama es el del los inmigrantes hispanos. Como lo dijimos antes, millones de personas celebraron el triunfo de Obama y no porque no creyeran en el señor John McCain, sino que ya no creían en el partido republicano. Es indescriptible el rostro que tenia la gente que seguía paso a paso el recuento de los votos. Al ganar Obama la presidencia de los Estados Unidos, pareciera que ganaran los más de doce millones de inmigrantes que hay en el país, y esto si *cumple* con sus promesas de proponer o hasta aprobar una reforma migratoria. Tanto el señor Obama como los miembros de su campaña, admitieron que el voto de los hispanos fue muy importante para poder llegar a la presidencia. La gente que no podía votar impulsaba o animaba a sus familiares, quienes si podían, a que votaran por Obama. Éste libro es la prueba de ello. Yo, que pertenezco al sector bajo de la economía, fui testigo de cómo la gente, amigos y compañeros, celebraron el triunfo de Obama en las calles y en los trabajos. Éste *libro* es la *voz* oculta y apagada de millones de inmigrantes. Los inmigrantes que votaron por Obama están cansados de tanta discriminación, de tanto sufrimiento, de tantas redadas del servicio de ICE, de tantas separaciones que estas redadas an creado. Sobre los hombros de señor Obama pesan las ilusiones de millones de inmigrantes, de personas que se levantan a las cuatro de la mañana, se colocan un casco, se ponen sus botas y se van a trabajar a la construcción; de personas que trabajan recolectando las frutas y verduras que llegan a todos y cada uno de los hogar de este país, y lo hacen en ocasiones a temperaturas extremas con gusto. También de mujeres que le piden a Dios que sus esposos e hijos regresen con bien de su trabajo, de madres jóvenes que tienen miedo que en sus trabajos no haya una *redada* de inmigración y no vuelvan a ver a sus pequeños. ¿Y porque se volvieron a tener ilusiones? Porque usted señor Barak Obama demostró que SI SE PUEDE (YES WE CAN), usted soñó en grande y logró sus sueños de ser presidente de este maravilloso país, y millones de personas están soñando en grande, de que se apruebe una reforma migratoria. Y si aún seguimos creyendo que *existe* la democracia, usted lo demostró, y está en usted el que se sigua creyendo en esa democracia. Sólo le falta cumplir con sus promesas, a las *palabras* se las lleva el viento, los *hechos* son los que hablan en verdad.

En las manos de Barak Obama está el volver a demostrar que la palabra LIBERTAD si tiene significado, y que la palabra libertad significa eso, libertad,

Recuerde que afuera de la Casa Blanca hay más de doce millones de inmigrantes esperando que cumpla con sus promesas. Sus promesas cumplidas de una reforma migratoria curaría en parte el daño que han causado todas las redadas del ICE. Afuera de la Casa Blanca hay gente que ha sufrido humillaciones, malos tratos, vejaciones, discriminación, han llorado, sufrido por las separaciones de sus familias, gente que ha ayudado a prosperidad de este país, gente que no le importa trabajar bajo el sol por más de diez horas por el sueldo mínimo, gente con sueños, con metas, gente que ha perdido sus trabajos o estudios por la falta de Numero de Seguro Social. Esa gente espera con ansias desaforadas la llegada de esa bendita Reforma Migratoria, para que cesen las redadas del Servicio de Inmigración. Recuerde señor presidente: Afuera hay millones de personas que sentirían lo mismo que usted sentiría si jugaran con sus sentimientos. El que usted cumpla sus promesas ayudaría a que en el país más "libre" de mundo se trate a todos por igual, que ya no haya más discriminación, que la policía en ciertos estados ya no vea como criminales a gente trabajadora, que en los hospitales a todos los traten por igual y que no los dejen *morir* sólo por su apariencia. Porque de no ser así, que no nos extrañe si en unos cuantos años *un perro valga más que un inmigrante.* Tal vez suene feo o hasta vulgar, pero es la triste realidad. Hay estados en los que un inmigrante no tiene derechos, un inmigrante no es nada, no es nadie, no lo quieren atender en un hospital si no tiene un seguro social válido. Hay estados como California, Colorado, Texas, Arizona, y Carolina del Norte, en que un veterinario atendería más rápido a un animal, que un doctor a un inmigrante hispano. En sus manos está el decir ¡BASTA! A tanta discriminación. También está en sus manos el demostrar el porqué está en Nueva York la estatua de la LIBERTAD. Que valga la pena la sangre derramada de todos aquellos valientes soldados que un día con valor y firmeza dieron su vida para que éste gran país fuera LIBRE, y que no sea tomado en vano ese sacrificio que hicieron los saldados caídos en guerra para que este país no estuviera bajo la opresión de otro país, y que en verdad se demuestre el verdadero significado de las palabras: *igualdad para todos.*

EL MURO

Cada país, cada nación, tiene el derecho de proteger sus fronteras y eso es bueno para la seguridad de la nación. Pero, ¿la construcción de un muro entre los EE.UU. y México sería suficiente para que no entrara ningún terrorista? ¿O simplemente es un pretexto para "detener" la inmigración ilegal? Porque se ha repetido una y mil veces, que ninguno de los terroristas que perpetro el fatídico ataque del -9-11-entro por México. Desafortunadamente un muro no detendrá a un hombre que tenga malas intenciones (eso el gobierno lo sabe), pero lo que si va a lograr este muro (en caso de que se construyera) son más muertes. Tan solo desde el año -1995, hasta el noviembre del 2007- van más de CUATRO MIL QUINIENTAS MUERTES todo por tratar de llegar a los Estados Unidos, y las que faltan. Tal vez mucha gente tenga el mismo pensamiento o respuesta que tiene el policía de la ciudad de Tualatin, Oregón:- Nadie los mando llamar-. Y tal vez tengan razón, pero un inmigrante no está aquí por gusto, esta por necesidad. Aunque siendo realistas no toda la culpa de las muertes que hay en la frontera es de los Estados Unidos o del rio grande, o de los desiertos y parte del muro que hay en la frontera. Si no también del gobierno de nuestros países, si no hubiera tanta corrupción, sino hubiera tantos malos manejos no hubiera tanta pobreza y el claro ejemplo lo tenemos en México a pesar de a habido tanta corrupción el país sigue siendo rico (pero solo lo es para los ricos pues para los pobres, cada vez hay más pobreza), por eso es que la gente busca otros caminos de *salir de la pobreza,* y uno de esos caminos es el de venirse como ilegal a los EE.UU. que es donde está todo el dinero. Aquí es donde está el tesoro de todo el Continente Americano y es a donde todo el mundo quiere venir para salir de la pobreza o cuando menos tener *un dólar en la bolsa.*

Si en nuestros países tuviéramos las mismas oportunidades que se tienen aquí, esta por demás decir que quizá no hubiera tantos inmigrantes. La gente no se arriesgaría a venir, no habría tantas muertes, y si la gente lo deja todo en sus pueblos es porque simple y sencillamente allá no hay las mismas oportunidades que hay aquí. ¿Por qué no compartir un poco de las tantas bendiciones que tiene este gran país? EE.UU. es el país más rico de todo el continente americano y uno de los más ricos en todo el mundo ¿Por qué no darle una tajadita de ese pastel a quienes más lo necesitan? En este caso a los inmigrantes. En muchos casos es tanta la necesidad que se tiene en los países latinoamericanos que un padre de familia no dudaría ni un instante en *arriesgar su propia vida* con tal de que su familia, sus hijos o padres tengan un plato de frijoles y una tortilla en la mesa ¿Qué más quiere el gobierno que se le demuestre? ¿Qué más puede dar una persona si no es su propia vida? Estamos en pleno siglo veintiuno y a un hay gente con sentimientos racistas ¿Donde quedo la misericordia? ¿Donde quedo el amor al prójimo? ¿No es suficiente la sangre que se ha derramado a través de la historia? En Alemania murieron más de seis millones de judíos en manos de un individuo que tenia aires de supremacía y perfección. En todas las guerras han muerto cientos de miles de personas todo por absurdos ideales. Pero ¿Por qué morir por tratar de salir de la pobreza? ¿Por qué morir a causa de un muro? ¿Por qué morir solo por darle algo más a nuestra familia? ¿Acaso vale la pena arriesgar la vida solo por venir al Norte? Si, la respuesta es ¡SI! Y en mayúsculas – ¡SI...SI VALE LA PENA ARRIESGAR LA VIDA SOLO POR UN DÓLAR! ¿Cuánto vale el sacrificio de un padre de familia? ¿Cuánto vale querer salir de la pobreza? ¿Cuánto vale un plato de frijoles con un trozo de carne? ¿Cuánto vale las medicinas de nuestros familiares que se quedaron enfermos en nuestros países? ¿Cuánto vale el arriesgarse a querer salir de una pequeña isla y correr el riesgo de ser tragado por un tiburón? ¿Cuánto vale el querer salir de la miseria? ¿Cuánto vale una cama nueva para nuestros padres? ¿Cuánto vale unos zapatos nuevos para nuestros familiares que se quedaron en nuestros países? ¿Cuánto vale la sonrisa de un hijo, de una hija, de una esposa, de un esposo, de un padre, de una madre, de hermano, de un una hermana, al enterarse de que se le pudieron mandar unos dólares? ¿Cuánto vale esa sonrisa? ¿Cuánto vale construir el muro en México y los Estados Unidos? Varios miles de millones de dólares, eso es lo que vale construir el muro, muchos millones de dólares ¿CUANTO VALE LA VIDA DE UN INMIGRANTE? Para algunos políticos solo vale... ¡UN PUÑADO DE DOLARES!

NOTA Las leyes, comentarios, y o propuestas de leyes en contra de los indocumentados estaban vigentes hasta el primero de enero del 2008.Si se aprobaron o se revocaron otras leyes, estuvieron fuera de nuestro alcance, como la ley 112, que se propuso en el estado de Oregón, de que la policía tuviera poderes de inmigración y que se exigiera un número de seguro social valido para obtener una licencia de conducir. (Esta parte de la propuesta ya fue aceptada y firmada por gobernador, y no tuvo necesidad de ir a votación) Solo esperamos en Dios, que no se acepte que la policía tenga poderes federales. Este estado hasta antes de esta propuesta era uno de los pocos que otorgaba muchos beneficios a los inmigrantes y era uno de los mejores, y uno de los más tranquilos para vivir, pero… Nunca falta algún anti-inmigrante. (Lo único que se escribió después de la fecha señalada unas líneas antes fueron las páginas en las que se habla de Barak Obama como presidente electo de los Estados Unidos).

DEDICACION

Este libro es dedicado a todas aquellas personas que un día tuvieron el valor de dejar todo en sus países, que tomaron la balsa de las ilusiones, que llenaron sus mochilas de sueños, de esperanzas, de deseos de salir adelante, de esfuerzos por una vida mejor y que lo han logrado.

También se lo dedicamos a las personas que de un momento a otro su vida les cambio pues se vieron afectadas por una redada del ICE, y regresaron a su país con las manos vacías. Y nuestra dedicación principal es para todos aquellos familiares de las personas que un día se armaron de valor y decidieron embarcarse en un camión, una lancha, o en un avión y que fueron a la aventura de ir por un puñado de dólares y que ¡Nunca!... ¡Nunca! Regresaron, pues en lugar de dólares encontraron... la muerte. En honor a todas las personas que han perdido lo más hermoso que tiene un ser humano... **la vida.** A todos aquellos que la an perdido tratando de llegar a este gran país para todos ellos es este libro. De todo corazón nuestro más sentido pésame.

También quiero agradecerles a las personas que colaboraran en este libro. Gracias por su gran colaboración a:

-Araceli González- por haber batallado en descifrar mis escritos para meter toda la información en una computadora.

A, Alfa López--por revisar parte de la ortografía del libro.

A, María Cabral- por los arreglos efectuados en este libro.

A, Josué palomino- por la contraportada. Y a Juan el joven cubano por su testimonio.

A, Gonzalo Cervantes de Pronto Signs of Oregón por el diseño de la portada.

A- F. Javier Navarro S. "Licos" por colaborar en el diseño de la portada.

Pero quiero agradecerle con todo mi corazón a DIOS porque me permitió el poder dejar grabado en un libro lo que viven día con día los inmigrantes en los Estados Unidos de Norte América. ¿Y porque en un libro? Porque un libro es para siempre. Y en lo personal, yo le dedico este libro a la mujer más hermosa de este mundo… mi madre. Es cumplimiento de una promesa que le hice cuando tenía doce años de edad. Le prometí que algún día escribiría un libro. Y ahí está.

QUE DIOS LOS BENDIGA

www.ingramcontent.com/pod-product-compliance
Ingram Content Group UK Ltd.
Pitfield, Milton Keynes, MK11 3LW, UK
UKHW020143250726
13967UKWH00002B/839

9 781425 180928